CONTEÚDO DIGITAL PARA ALUNOS

Cadastre-se e transforme seus estudos em uma experiência única de aprendizado:

1 Escaneie o QR Code para acessar a página de cadastro.

2 Complete-a com seus dados pessoais e as informações de sua escola.

3 Adicione ao cadastro o código do aluno, que garante a exclusividade de acesso.

3024552A2929778

Agora, acesse:
www.editoradobrasil.com.br/leb
e aprenda de forma inovadora e diferente! :D

Lembre-se de que esse código, pessoal e intransferível, é valido por um ano. Guarde-o com cuidado, pois é a única maneira de você utilizar os conteúdos da plataforma.

Editora do Brasil

CONHECER E TRANSFORMAR
[PROJETOS Integradores]

Maria Cecilia Guedes Condeixa (coordenação)
- Licenciada e bacharel em Biociências
- Professora e consultora em sistemas de ensino públicos e privados
- Autora de materiais educativos

Maria Teresinha Figueiredo (coordenação)
- Licenciada em Biociências e especialista em Educação Ambiental
- Professora e consultora em sistemas de ensino públicos e privados
- Autora de materiais educativos

Alpha Simonetti
- Mestre e doutora em Linguística e Semiótica Geral
- Professora na educação básica e artista de teatro
- Elaboradora e editora de textos educativos

Dulce Satiko
- Licenciada em Matemática e Pedagogia e especialista em Metodologia da Matemática
- Professora e consultora em sistemas de ensino públicos e privados
- Autora de materiais educativos

Gabriela Ribeiro Arakaki
- Licenciada e bacharel em Geografia
- Consultora em educação ambiental
- Elaboradora de materiais educativos

Rui Xavier
- Licenciado em História
- Dramaturgo e autor de literatura
- Elaborador de materiais educativos

Yanci Ladeira Maria
- Mestre e doutora em Geografia
- Pesquisadora na área indigenista
- Elaboradora de materiais educativos

Componentes curriculares: **Arte, Ciências, Geografia, História, Língua Portuguesa** e **Matemática**.

1ª edição
São Paulo, 2019

Dados Internacionais de Catalogação na Publicação (CIP)
(Câmara Brasileira do Livro, SP, Brasil)

Conhecer e transformar : [projetos integradores] 7 / Alpha Simonetti.... [et al.]; Maria Cecilia Guedes Condeixa, Maria Teresinha Figueiredo (coordenação). – 1. ed. – São Paulo: Editora do Brasil, 2019. – (Coleção conhecer e transformar)

Outros autores: Dulce Satiko, Gabriela Ribeiro Arakaki, Rui Xavier, Yanci Ladeira Maria.
ISBN 978-85-10-07588-6 (aluno)
ISBN 978-85-10-07589-3 (professor)

1. Arte (Ensino fundamental) 2. Ciências (Ensino fundamental) 3. Geografia (Ensino fundamental) 4. História (Ensino fundamental) 5. Língua portuguesa (Ensino fundamental) 6. Matemática (Ensino fundamental) I. Simonetti, Alpha. II. Satiko, Dulce. III. Arakaki, Gabriela Ribeiro. IV. Xavier, Rui. V. Maria, Yanci Ladeira. VI. Condeixa, Maria Cecilia Guedes. VII. Figueiredo, Maria Teresinha. VIII. Série.

19-27646   CDD-372.19

Índices para catálogo sistemático:
1. Ensino integrado: Livros-texto: Ensino fundamental   372.19
Maria Alice Ferreira – Bibliotecária – CRB-8/7964

© Editora do Brasil S.A., 2019
Todos os direitos reservados

Direção-geral: Vicente Tortamano Avanso

Direção editorial: Felipe Ramos Poletti
Gerência editorial: Erika Caldin
Supervisão de arte e editoração: Cida Alves
Supervisão de revisão: Dora Helena Feres
Supervisão de iconografia: Léo Burgos
Supervisão de digital: Ethel Shuña Queiroz
Supervisão de controle de processos editoriais: Roseli Said
Supervisão de direitos autorais: Marilisa Bertolone Mendes

Supervisão editorial: Priscilla Cerencio
Edição: Rogério Cantelli
Assistência editorial: Felipe Adão e Ivi Paula Costa da Silva
Apoio editorial: Celeste Baumann
Copidesque: Gisélia Costa, Ricardo Liberal e Sylmara Beletti
Revisão: Elaine Silva, Flávia Gonçalves, Gabriel Ornelas e Rosani Andreani
Pesquisa iconográfica: Odete Ernestina Pereira e Priscila Ferraz
Assistência de arte: Daniel Campos Souza
Design gráfico: Andrea Melo
Capa: Andrea Melo
Imagens de capa: Tiwat K/ Shutterstock.com, nubenamo/ Shutterstock.com e balabolka/Shutterstock.com
Ilustrações: Alessandro Passos, Bruna Ishihara, Danillo Souza, Dawidson França, Fábio Nienow, Hare Lanz, Hélio Senatore, Luiz Eugenio, Osni & Cotrim, Paula Haydee Radi, Paulo José e Vagner Coelho
Produção cartográfica: Alessandro Passos da Costa e DAE (Departamento de Arte e Editoração)
Coordenação de editoração eletrônica: Abdonildo José de Lima Santos
Editoração eletrônica: JS Design
Licenciamentos de textos: Cinthya Utiyama, Jennifer Xavier, Paula Harue Tozaki e Renata Garbellini
Controle de processos editoriais: Bruna Alves, Carlos Nunes, Rafael Machado e Stephanie Paparella

1ª edição / 1ª impressão, 2019
Impresso na Meltingcolor Gráfica e Editora Ltda.

Rua Conselheiro Nébias, 887
São Paulo, SP – CEP 01203-001
Fone: +55 11 3226-0211
www.editoradobrasil.com.br

Caro estudante,

Este livro foi feito para você, que é antenado em tudo o que está acontecendo em nosso mundo. Quando falamos assim, talvez venha à cabeça notícias sobre problemas. Pois é, realmente há muitos fatos desagradáveis e desafiadores acontecendo. Mas há também um montão de coisas alegres e estimulantes. Há muitas meninas e meninos procurando saídas para os problemas, buscando juntar iniciativas, fazer redes de contato, comunicar suas descobertas.

Muitos jovens estão encontrando uma forma de se comunicar. Muitos jovens querem entender o que está acontecendo, buscar respostas. Foi pensando em como você pode fazer parte dessa turma inovadora que propõe soluções e contribui para um mundo mais animador que escrevemos este livro.

Conhecendo melhor os projetos de conhecimento e de ação aqui propostos, você verá que não é difícil manter-se bem informado. Logo encontrará uma forma de compreender e agir: aqui há muitas ideias para você pôr em prática e compartilhar o que aprendeu.

Você nunca deve considerar-se incapaz para as tarefas. Nem achar que já sabe tudo. Comunicando-se com os colegas e professores, trocando ideias e buscando a melhor saída para todos, você verá que pesquisar em grupo é muito mais interessante... O importante é ser criativo, imaginar soluções, buscar informação para contribuir, ouvir os colegas e apresentar ideias para sua gente.

O convite está feito. Vamos ao trabalho!

CONHEÇA SEU LIVRO

APRESENTAÇÃO
Aqui você ficará sabendo qual é o tema trabalhado no projeto e a importância dele em nossa vida.

DIRETO AO PONTO
Aqui será apresentada a questão norteadora, que vai guiá-lo para chegar ao final do projeto sabendo mais a respeito do assunto do que quando começou.

JUSTIFICATIVA E OBJETIVOS
Você encontra razões importantes para desenvolver o projeto, com base na vida cotidiana e em conhecimentos aqui destacados.

DE OLHO NO TEMA
É o momento de dialogar a respeito do assunto, e você e os colegas expressarão suas ideias sobre ele. Para iniciar a conversa, será utilizada uma fotografia.

QUAL É O PLANO?
Neste momento serão apresentadas as três etapas principais do projeto, do início até a conclusão.

VAMOS AGIR
Traz atividades práticas, como experimentos, criação de modelos, pesquisas, entrevistas e muito mais.

REFLITA E REGISTRE
Orienta a conclusão dos procedimentos.

VAMOS APROFUNDAR

São atividades variadas para você checar os principais conceitos estudados por meio de questões que requerem leitura, interpretação e reflexão.

PENSANDO JUNTOS

Propõe, por meio do diálogo, a reflexão coletiva sobre determinada questão.

ATITUDES LEGAIS

Traz dicas para ajudá-lo a conviver em coletividade, trabalhando suas capacidades para o desenvolvimento pessoal e o de sua comunidade.

BALANÇO FINAL

É o momento de avaliar seu desempenho na execução do projeto.

APOIO

Aqui você encontrará indicações que auxiliam na busca de conteúdo a respeito do tema que está sendo explorado.

ÍCONES

 Oralidade   Individual   Em dupla    Em grupo    No caderno

SUMÁRIO

Projeto 1
Biodiversidade ameaçada: pesquisa e conservação..08

Qual é o plano? 09

Etapa 1 – Explorando o assunto ...10
- Alguns casos de extinção de animais 10
- Baleias 13
- Flora em perigo 16

Etapa 2 – Fazendo acontecer 19
- Proposta investigativa 1
  Animais brasileiros ameaçados de extinção e projetos de conservação 20
- Proposta investigativa 2
  Árvores e florestas brasileiras ameaçadas de extinção e projetos de conservação 21
- Proposta investigativa 3
  Caça ou pesca predatória e tráfico de animais 22

Etapa 3 – Respeitável público 23
- Balanço final...23

Projeto 2
Nossos batuques, nossa história 24

Qual é o plano? 25

Etapa 1 – Explorando o assunto ... 26
- África de muita história 26
- Brasil dos pandeiros 28
- Pandeiros de outros tempos......................31
- Música do mundo 35
- As qualidades do som 37

Etapa 2 – Fazendo acontecer 39
- Proposta investigativa 1
  Batuques na história................................39
- Proposta investigativa 2
  Tambores na diversidade cultural 41

Etapa 3 – Respeitável público 43
- Balanço final..43

Projeto 3
Resíduos sólidos: somando saberes em busca de solução 44

Qual é o plano? **45**

Etapa 1 – Explorando o assunto .. **46**
  Interpretando dados numéricos 46
  Tecnologia e novos materiais: soluções e problemas 48
  Para onde vão os resíduos? 52

Etapa 2 – Fazendo acontecer **55**
  Proposta investigativa 1
    Pesquisa da produção do lixo doméstico 55
  Proposta investigativa 2
    Conhecer a composição dos resíduos sólidos brasileiros 57
  Proposta investigativa 3
    Diminuição dos resíduos: reúso de materiais e objetos 59

Etapa 3 – Respeitável público **61**
  Balanço final 61

Projeto 4
Povos indígenas e comunidades tradicionais do Brasil 62

Qual é o plano? **63**

Etapa 1 – Explorando o assunto .. **64**
  Conhecer povos indígenas e comunidades tradicionais 64
  Povos e comunidades em luta por direitos 67
  Cultura viva: memória e transformação 70
  Danças brasileiras 71

Etapa 2 – Fazendo acontecer **74**
  Proposta investigativa 1
    Povos indígenas nas regiões brasileiras 75
  Proposta investigativa 2
    Comunidades remanescentes de quilombo 77

Etapa 3 – Respeitável público **79**
  Balanço final 79

PROJETO 1

Biodiversidade ameaçada: pesquisa e conservação

Biodiversidade é o conjunto de seres vivos que habita o planeta.

Desde sua origem, há mais de 3,5 bilhões de anos, as muitas formas de vida foram sofrendo mutações e os ambientes também foram se modificando. Na combinação desses processos naturais, algumas espécies foram extintas e outras apareceram – basta lembrar que o planeta já foi habitado predominantemente por dinossauros muito antes de os seres humanos surgirem.

Nas últimas décadas, a biodiversidade vem sendo ameaçada. O desmatamento das florestas, a caça, o tráfico de animais, a poluição das águas, do solo e do ar, bem como o aquecimento global, são fatos relacionados a ações humanas nocivas. Tudo isso tem provocado a extinção de algumas espécies e ameaçado muitas outras, em um ritmo bem mais acelerado do que o observado em toda a história da Terra.

DE OLHO NO TEMA

Cena do filme *Rio*, de 2011. O protagonista é a ararinha-azul Blu, que se envolve em aventuras para fugir de traficantes de animais.

- As ararinhas-azuis, como o personagem Blu, foram vítimas de traficantes de animais e de mudanças em seu hábitat. Como consequência, essa espécie está extinta na natureza e existe apenas em cativeiro. Você conhece outro caso como esse?
- Projetos para a conservação de animais têm dado resultado. Como podemos conhecer esses projetos na internet? Como confiar nas informações que encontramos?

DIRETO AO PONTO

Como a extinção acelerada das espécies vem sendo combatida?

JUSTIFICATIVAS

- O Brasil é o país com a maior biodiversidade do mundo. No entanto, as ações em prol da conservação das espécies precisam ser mais eficazes. Para conhecer melhor o problema do risco da extinção de espécies e se posicionar sobre ele, bem como entender como atuam os projetos de conservação, é necessário saber pesquisar em livros, revistas e na internet.

OBJETIVOS

- Investigar a abrangência e as consequências da atual extinção de espécies no planeta.
- Reconhecer o papel de projetos de conservação na manutenção dos ecossistemas brasileiros.
- Conhecer e utilizar procedimentos de pesquisa, leitura e produção de textos relacionados a um tema que seja objeto de estudo.

QUAL É O PLANO?

Etapa 1 – Explorando o assunto
- Alguns casos de extinção de animais
- Baleias: símbolo do combate à extinção

Etapa 2 – Fazendo acontecer
- **Proposta investigativa 1** – Animais brasileiros ameaçados de extinção e projetos de conservação
- **Proposta investigativa 2** – Árvores e florestas brasileiras ameaçadas de extinção e projetos de conservação
- **Proposta investigativa 3** – Caça ou pesca predatória e tráfico de animais

Etapa 3 – Respeitável público
- Organização e seleção dos conhecimentos adquiridos
- Preparação e apresentação dos produtos finais

Balanço final
- Avaliação individual e coletiva

Avaliação continuada: Vamos conversar sobre isso?

O mico-leão-dourado é classificado como espécie ameaçada, já que seu hábitat – a Mata Atlântica do Rio de Janeiro – vem sendo degradado. Mas ele já esteve à beira da extinção. O projeto pioneiro para sua conservação é o mais antigo no Brasil e um dos mais bem-sucedidos no mundo.

ETAPA 1 — EXPLORANDO O ASSUNTO

Alguns casos de extinção de animais

A extinção de espécies animais como resultado da ação do ser humano não é algo novo. Acompanhe a seguir dois exemplos, datados dos últimos séculos. Depois, citaremos extinções que não tiveram relação com os seres humanos, pois foram causadas por mudanças no ambiente.

O tigre-da-tasmânia

Os tigres-da-tasmânia eram animais carnívoros que viviam em pequenos bandos. Receberam esse nome porque tinham listras pretas nas costas sobre o pelo castanho, lembrando um tigre, e viviam na ilha da Tasmânia, ao sul da Austrália. Como os cangurus, eram **marsupiais**, mas tinham aparência semelhante à de cães de porte médio.

No século XIX, criadores de ovelhas locais iniciaram uma perseguição intensa a esse animal. Em 1986, passados 50 anos sem que nenhum exemplar tivesse sido encontrado, foi declarado oficialmente extinto.

> **GLOSSÁRIO**
>
> **Marsupial:** mamífero cujos filhotes se desenvolvem parcialmente no útero e parcialmente na bolsa abdominal da fêmea. O exemplo mais conhecido é o canguru, da Austrália. No Brasil, os principais representantes do grupo são os gambás.

← Fotografia de Benjamin, o último tigre-da-tasmânia que existiu. Viveu no zoológico Hobart, Tasmânia, e morreu em 1936.

A ave dodô

Ave nativa de Maurício, país formado por ilhas e localizado na costa sudeste da África, o dodô tinha a altura de um ganso e não podia voar. Mansas e curiosas, essas aves eram facilmente caçadas pelos marinheiros que reabasteciam seus navios na região.

Há muitos relatos de marinheiros sobre esses animais nos primeiros séculos de ocupação europeia. Em 1638, as ameaças a eles intensificaram-se, uma vez que os holandeses tomaram as ilhas e para lá levaram plantas e animais não nativos, desequilibrando o ambiente. A competição por alimento e o aumento da caça predatória levaram a espécie à extinção em poucas décadas.

↑ Dodô, ave extinta no século XVII. Gravura de Georg Friedrich Treitschke, 1842.

Megafauna da América do Sul

A descoberta e a análise de fósseis revelam que, no passado, existiram espécies de animais e plantas com características bem diferentes das encontradas atualmente. Isso significa que, por alguma razão, elas entraram em extinção em determinado período.

Pesquisando fósseis e rochas, cientistas concluíram que, ao longo da história de nosso planeta, houve várias épocas bem frias, a que chamaram de "eras do gelo", tendo a última ocorrido de 18 mil a 12 mil anos atrás. Nesse período, havia muito gelo nos polos e nas montanhas, mas nem todos os continentes eram cobertos de neve. O clima nos trópicos, região onde está o Brasil, era ameno, mais seco e com poucas chuvas.

Esse animal, pertencente à megafauna, existiu na América do Sul, na região da Patagônia, sul da Argentina. Ele tinha cabeça comprida com uma tromba curta, patas com três dedos e um longo pescoço, similar ao das girafas. Herbívoro, procurava vegetais moles e chegava a pesar uma tonelada.

↑ Reconstituição artística de uma macrauquênia.

Nosso território era ocupado por extensas savanas – parecidas com o cerrado –, onde viviam animais gigantes, alguns semelhantes aos atuais, como tatus, bichos-preguiça, bem como espécies de ursos sul-americanos, hipopótamos sul-americanos e tigres-dentes-de-sabre. Esses grandes mamíferos são exemplos da chamada megafauna sul-americana. Essa fauna foi extinta quando o clima após a última Era do Gelo voltou a esquentar; a água líquida tornou-se mais abundante e começou a chover mais, facilitando a expansão das florestas tropicais, como a Amazônia, e o recuo das savanas. Fósseis de exemplares da megafauna têm sido encontrados em nosso território.

Esse animal era um predador que tinha entre 1,5 m e 2,3 m de comprimento e pesava cerca de 400 kg – um pouco menor do que um leão. Famoso por conta dos dois caninos enormes, que mediam cerca de 18 cm de comprimento, esse felino existiu também em terras brasileiras.

↑ Reconstituição artística de um tigre-dentes-de-sabre, também conhecido como *Smilodon*.

Dinossauros e pterossauros

Há cerca de 200 milhões de anos, bem antes de o ser humano surgir na Terra, espécies de dinossauros e de pterossauros habitavam o planeta, dominando as paisagens terrestres. Esses animais tornaram-se extintos há cerca de 65 milhões de anos e de forma bastante acelerada. Para explicar esse rápido desaparecimento, a teoria mais aceita é a colisão de um grande asteroide com a Terra, onde hoje está o México, cujo impacto fez subir muita poeira para a atmosfera.

A poeira envolveu o planeta em sombras e reduziu a fotossíntese das plantas. Os grandes herbívoros não tinham mais o que comer e, com o passar do tempo, os carnívoros também não. Muitas espécies de menor porte tampouco sobreviveram ao impacto catastrófico.

↑ Pterossauros foram abundantes na atual região do Cariri, no Ceará. Ali, há 100 milhões de anos, havia uma grande lagoa, onde bandos deles pescavam.

← O tiranossauro foi um dos maiores carnívoros terrestres que já existiu. Seus fósseis são comuns na América do Norte e não foram encontrados no Brasil.

← O brontossauro foi um dinossauro herbívoro que chegava a ter 20 metros de comprimento e 10 metros de altura.

↑ O triceratope foi um dinossauro herbívoro que andava em bando. Comum na América do Norte, seus fósseis não foram encontrados na América do Sul.

1. Elabore um quadro e complete-o com os dados dos textos apresentados até o momento. Faça três colunas: **Data aproximada** (em que ocorreu a extinção), **Animal extinto** e **Causa da extinção**.

Baleias

Atualmente, as baleias são os maiores animais do planeta. Durante muito tempo elas foram intensamente caçadas, pois delas se retiravam diversas matérias-primas. A gordura (óleo), por exemplo, até o século XIX era utilizada como lubrificante de embarcações, argamassa para construção e combustível para a iluminação pública.

No Brasil, a caça à baleia, desde o século XVII, estendia-se da costa da Bahia até a de Santa Catarina. As espécies mais numerosas eram a jubarte e a baleia-franca. Ainda no século XVIII, o político e cientista brasileiro José Bonifácio de Andrada e Silva descreveu uma caçada às baleias-francas.

Texto 1

> [...] Deve certo merecer também grande atenção, a *perniciosa* prática de matarem os *baleotes de mama*, para assim *arpoarem* as mães com maior facilidade. Têm estas tanto amor aos seus filhinhos, que quase sempre os trazem entre as barbatanas para lhes darem leite; e se, porventura, lhos matam, não abandonam o lugar, sem deixar igualmente a vida na ponta dos *arpões*: é seu amor tamanho que, podendo demorar-se no fundo da água por mais de meia hora sem vir a respirar acima e, escapar assim, ao perigo que as ameaça, expõem a sua vida para salvarem a dos filhinhos, que não podem estar sem respirar por tanto tempo. Esta ternura das mães facilita sem dúvida a pesca [...]. É fora de toda a dúvida que, matando-se os baleotes de mama, vem a diminuir-se a geração futura, pois que as baleias, por uma dessas sábias leis da economia geral da Natureza, só parem de dois em dois anos um único filho(a), morto o qual, perecem com ele todos os seus descendentes [...].

> José Bonifácio de Andrada e Silva. Fragmento de texto para os Anais da Academia Real das Ciências de Lisboa, 1790. Instituto Australis. Disponível em: http://baleiafranca.org.br/a-baleia/a-matanca/. Acesso em: 14 jun. 2019. (Atualização na grafia de algumas palavras de acordo com as novas normas da língua portuguesa).

GLOSSÁRIO

Arpão: instrumento de pesca com cabo de ponta farpada e afiada, usado para fisgar e prender peixes grandes ao ser arremessado.
Arpoar: usar o arpão.
Baleote de mama: filhote de baleia que ainda mama.
Pernicioso: prejudicial.

Desde 1982, um programa de pesquisa sobre baleias-francas tem confirmado o retorno anual desses animais ao litoral de Santa Catarina. No inverno, as baleias migram do Polo Sul para se acasalarem em águas mais quentes e amamentam os filhotes nascidos no inverno anterior. As baleias, como outros mamíferos, cuidam dos filhotes.

Texto 2

Baleia-franca – reprodução

> [...] Nas primeiras semanas de vida, o filhote passa cerca de 90% do tempo no entorno imediato da mãe, e apenas no final da temporada de inverno de seu nascimento passam a distanciar-se mais desta, explorando de forma mais independente o ambiente das proximidades; os filhotes de um ano, que retornam com a mãe para as áreas de reprodução, desligam-se dela nesta fase, com a mãe aparentemente tomando a iniciativa de afastar-se do filhote que então já é funcionalmente independente. [...]

> Instituto Australis. Disponível em: http://baleiafranca.org.br/a-baleia/comportamento/. Acesso em: 14 jun. 2019.

Baleia-franca e filhote.

1. O primeiro texto, embora de época, é científico, enquanto o segundo é o trecho de texto de divulgação científica, que pode ser encontrado em jornais, revistas ou *sites* diversos. Qual deles você considera mais adequado para compartilhar informações desse tipo? Por quê?

2. Compare o "amor de mãe" do primeiro texto à "mãe aparentemente tomando a iniciativa de afastar-se do filhote" do segundo texto considerando:
   - os contextos históricos em que eles foram escritos;
   - os trechos em que a concepção "humanizada" da natureza se manifesta;
   - as coincidências entre eles.

3. Como ocorre a extinção de um animal? Considere os exemplos citados nos textos anteriores e em sua pesquisa inicial para responder.

4. De acordo com os textos analisados até o momento, é possível afirmar que a extinção dos seres vivos é apenas consequência da atividade humana?

5. Elabore uma hipótese sobre a importância da conservação das espécies atuais considerando seus respectivos ecossistemas.

APOIO

Baleia-franca: www.greenpeace.org.br; www.baleiafranca.org.br. Nesses endereços, há bastantes informações sobre as ameaças às baleias-francas, bem como a outros animais e a plantas.

Baleias – Histórico da caça às baleias no mundo, de Alice Dantas Brites. *UOL*. Texto que apresenta um panorama histórico da caça às baleias em várias regiões do mundo. Disponível em: https://educacao.uol.com.br/disciplinas/biologia/baleias-historico-da-caca-de-baleias-no-mundo.htm. Acesso em: 24 maio 2019.

Instituto Chico Mendes de Conservação da Biodiversidade: icmbio.gov.br. Instituto ligado ao governo federal responsável por programas de pesquisa, proteção, preservação e conservação da biodiversidade.

Livro Vermelho da fauna 2018 registra 1173 espécies sob risco, de Letycia Bond. *Agência Brasil*, 28 jan. 2019. A reportagem apresenta pesquisa que lista centenas de espécies ameaçadas no Brasil. Disponível em: http://agenciabrasil.ebc.com.br/geral/noticia/2019-01/livro-vermelho-da-fauna-registra-1173-especies-sob-risco. Acesso em: 24 maio 2019.

WWF: wwf.org.br. Grupo conservacionista que atua na conservação da biodiversidade. Divulga em seu *site* diversas informações sobre biodiversidade e conservação de espécies do Brasil e do restante do mundo.

Caça comercial às baleias

Em 1986, um acordo internacional, chamado de "moratória", proibiu a caça às baleias para que as populações desses animais se recuperassem em todo o mundo.

A caça intensa às baleias no século 19 e início do século 20 deixou esses gigantes mamíferos à beira da extinção.

Na década de 1960, métodos cada vez mais eficientes de captura e enormes navios-fábrica tornaram evidente que a caça não poderia continuar sem controle, sob o risco de os animais desaparecerem por completo. Daí a proibição.

Os países a favor da caça esperavam que a medida fosse temporária, que ficasse vigente somente até se chegar a um consenso sobre cotas sustentáveis de captura dos animais.

Mas, em vez disso, a proibição se tornou quase permanente, medida que agradou os preservacionistas e decepcionou, além do Japão, países como Noruega e Islândia, que argumentam que a caça às baleias faz parte de sua cultura e deve continuar de forma sustentável.

Andreas Illmer. As justificativas do Japão para liberar a caça de baleias após 30 anos de proibição. *BBC News Brasil*, 7 set. 2018. Disponível em: www.bbc.com/portuguese/geral-45445039. Acesso em: 24 maio 2019.

Apesar da moratória, o Japão continuou permitindo, de forma oficial, a caça às baleias apenas para fins científicos. Entretanto, pesquisadores e ambientalistas críticos à medida argumentam que as pesquisas são apenas uma forma de mascarar a matança com a finalidade de abastecer a indústria de alimentos. De fato, a carne dos animais mortos para pesquisas geralmente é vendida posteriormente para fins alimentares.

Em setembro de 2018, a Conferência Internacional da Baleia, realizada em Florianópolis (SC), manteve a moratória contra a caça comercial, com exceção dos casos para subsistência de alguns grupos, como esquimós. Em dezembro do mesmo ano, o Japão informou sua retirada da Comissão Internacional da Baleia (CIB) por pretender retomar a caça comercial, seguindo métodos da comissão para calcular as cotas de baleias capturadas. De acordo com a declaração, o Japão permitirá a caça apenas em suas águas territoriais e zonas econômicas exclusivas, sem avanços para o Oceano Antártico nem para o Hemisfério Sul. Assim, a polêmica sobre a caça à baleia continua...

↑ Baleia descarregada no porto de Kushiro, em Hokkaido, Japão, 2017.

1. Pesquise em revistas ou em *sites* confiáveis mais informações sobre a caça às baleias. Diferencie os argumentos favoráveis dos contrários.

2. Escreva um pequeno texto com sua opinião sobre a preservação e a caça desse animal. Considere os argumentos do Japão apresentados na reportagem anterior. Utilize argumentos do texto e amplie-os com novas informações pesquisadas.

Flora em perigo

A extinção de espécies vegetais também ocorreu em virtude da ação humana ou de eventos transformadores no ambiente.

A seguir, apresentamos o exemplo do pau-brasil – árvore cujo nome deu origem ao de nosso país –, que chegou a ser considerado extinto após séculos de exploração comercial.

Em defesa do pau-brasil

O Programa Nacional de Conservação do Pau-Brasil [PNC Pau-Brasil], instituído pela Portaria nº 320/2012 [...], foi criado [...] com o objetivo de promover ações estratégicas destinadas à conservação da espécie e do seu hábitat natural.

[...] De acordo com a portaria, o PNC Pau-Brasil tem como metas a reavaliação do estado de conservação da espécie; a identificação de [...] áreas remanescentes que abrigam populações de pau-brasil [...] e a promoção do uso sustentável e de plantios comerciais da espécie em iniciativas e empreendimentos públicos e privados.

↑ Tronco de pau-brasil.

A preocupação [...] em desencadear ações estratégicas voltadas à conservação e ao uso sustentável da espécie se justifica, já que o pau-brasil figura, desde 2004, na lista oficial de espécies da flora brasileira ameaçadas de extinção. Por isso mesmo, o programa visará à conservação dessa árvore, promoverá a recomposição das áreas degradadas e a ampliação da cobertura de florestas compostas por essa espécie de árvore.

[...]

O pau-brasil [*Caesalpinia echinata*] é espécie típica da Mata Atlântica e já foi abundante entre o Rio Grande do Norte [e] São Paulo. Sua extração foi favorecida pela localização das florestas junto ao litoral, especialmente na época da colonização do país, quando os portugueses descobriram a vocação do pau-brasil (ibirapitanga, em tupi-guarani) para o tingimento de tecidos devido à existência de um corante avermelhado chamado brasilina [de brasa, fogo]. A árvore, que tem o tronco e galhos cheios de espinhos e pode atingir 30 metros de altura, chegou a ser considerada extinta da natureza e, por pouco, não desapareceu, depois de 375 anos de exploração. Agora, ela é considerada a árvore nacional, está protegida por lei e não pode mais ser cortada das florestas.

Luciene de Assis. Em defesa do pau-brasil. *Ministério do Meio Ambiente*, 24 set. 2012. Disponível em: www.mma.gov.br/informma/item/8699-em-defesa-do-pau-brasil. Acesso em: 24 maio 2019.

1. Qual foi a causa da quase extinção do pau-brasil no passado?

2. A madeira do pau-brasil hoje é valorizada na fabricação de instrumentos musicais de corda. Músicos e fabricantes de instrumentos de todo o mundo se associaram para criar reservas de pau-brasil, também chamado pau-de-pernambuco. Como a lei de 2012 vem se somar à iniciativa dos músicos?

VAMOS AGIR

Pesquisar com segurança

Fazer pesquisas não é somente uma atividade escolar; trata-se de uma prática comum atualmente. Mas saber como procurar e separar o conteúdo confiável do não confiável é algo que se aprende.

Orientações para a pesquisa individual na internet

Utilize como fontes de consulta os *sites* da seção **Apoio** (páginas 14 e 19) e pesquise outras espécies ameaçadas de extinção no Brasil, bem como o tráfico de animais silvestres.

Procedimento

1. Escolha uma espécie vegetal ou animal para ser pesquisada. Entre em um *site* de buscas, digite o nome dele e acrescente a palavra **ameaça** ou **extinção**.

2. O buscador da internet lhe apresentará uma lista de endereços: *sites*, páginas de redes sociais, de enciclopédias *on-line* colaborativas, de instituições de ensino (pesquisas, matérias escolares), ambientais (SOS Mata Atlântica e Projeto Tamar, por exemplo), de revistas de divulgação científica etc.

Nesse momento, aparecem as dúvidas:

Qual dessas fontes é mais confiável? Por qual delas começar?

↑ Encontrar páginas confiáveis para sua pesquisa demanda o exercício de senso crítico.

Veja a seguir dicas para verificar se um endereço é confiável.

- Selecione páginas cujo endereço tenha a extensão **.org** (organização não governamental), **.gov** (órgão governamental) ou **.edu** (universidades). Aqueles com final **.com** muitas vezes têm finalidade comercial; por isso, caso os utilize, compare as informações neles obtidas com as de outras fontes.

17

- É preciso checar também dados obtidos em *blogs*, pois muitas vezes são conteúdos que expressam opiniões pessoais, não necessariamente se atentando à divulgação de informações. Verifique se o autor é um pesquisador, se indica as fontes das informações que publica etc.
- As enciclopédias colaborativas são abertas à participação do público em geral, isto é, as pessoas podem alterar os textos, e nem sempre há indicação de autoria ou de fonte das informações. Por esse motivo, não são ideais como fonte única de pesquisa em termos de confiabilidade.

3. Depois que encontrar uma boa fonte de pesquisa, selecione as informações que você considerar mais importantes.

4. Estude as informações já organizadas para **expor o assunto** e as **informações essenciais** aos colegas do grupo.

Após as exposições individuais, o grupo deve eleger, com a orientação do professor, qual pesquisa será apresentada à turma. Os critérios de escolha podem ser: relevância do tema; interesse da turma; forma de apresentação, entre outros definidos claramente antes da escolha.

Depois de todos os grupos apresentarem as pesquisas, debatam esta questão em sala de aula: Como a extinção acelerada de espécies vem sendo enfrentada?

> *Reflita e registre*
>
> 1. Como as orientações ajudaram você a usar a internet?
>
> 2. O que mais precisamos aprender para fazer uma boa pesquisa?

Níveis de ameaça às espécies

A Lista Vermelha da União Internacional para a Conservação da Natureza e dos Recursos Naturais (IUNC) das espécies ameaçadas constitui um dos inventários mais detalhados sobre o estado de conservação mundial de plantas, animais, fungos e protistas. A lista reavalia a categoria de todas as espécies a cada 5 anos ou, em alguns casos, a cada 10 anos.

Existem categorias aceitas internacionalmente que indicam a classificação de níveis de conservação de espécies. Elas são nomeadas utilizando-se as iniciais dos respectivos nomes em inglês: **EX** (*extinct*); **EW** (*extinct in the wild*); **CR** (*critically endangered*); **EN** (*endangered*); **VU** (*vulnerable*); **NT** (*near threatened*); **LC** (*least concern*). Veja o exemplo.

1. Você leu algo sobre essas categorias em sua pesquisa?

2. Como um projeto de conservação pode ajudar a melhorar esse quadro?

ETAPA 2 FAZENDO ACONTECER

Reflita a respeito da questão norteadora da seção **Direto ao ponto** e verifique o que aprendeu até agora. Vamos registrar uma resposta coletiva. Na sequência, vamos analisar as orientações gerais.

> Como a extinção acelerada das espécies vem sendo combatida?

Orientações gerais

Individualmente

1. A maior parte do trabalho será feita em grupos, mas uma pesquisa individual deve antecedê-lo. Ela consiste em buscar informações na internet, em livros ou outros materiais sobre a proposta escolhida pelo grupo. Cada membro deve pesquisar uma espécie diferente para compor a apresentação na etapa final; caso haja possibilidade de contato com profissionais que atuam na área de conservação, é interessante conversar com eles para coletar informações e materiais.

Em grupo

2. Com a própria síntese, cada grupo deve elaborar um cartaz e uma exposição oral para divulgar a investigação.

   Vejam algumas sugestões para a elaboração do cartaz:

 **ATENÇÃO!**

É importante você seguir as orientações sobre como pesquisar em fontes confiáveis.

- incluam fotografias das plantas ou animais ameaçados e pequenos textos, formando um painel;
- se quiserem, substituam os cartazes por *slides* digitais;
- na hora de preparar e organizar o texto, os esquemas, os infográficos, as imagens variadas etc., e de transformar os conteúdos das tabelas, gráficos, quadros etc. em texto em prosa/discursivo (ou o inverso), peçam a ajuda do professor de Língua Portuguesa.

APOIO

Árvores com valor comercial ameaçadas de extinção. *Estadão*, 10 jul. 2016. Artigo que divulga a lista das árvores brasileiras ameaçadas. Disponível em: http://infograficos.estadao.com.br/politica/terra-bruta/extra-arvores-em-extincao. Acesso em: 24 maio 2019.

Associação IPÊ: www.ipe.org.br. *Site* que apresenta as ações do Instituto de Pesquisas Ecológicas (Ipê), grupo conservacionista do interior do estado de São Paulo, que visa à conscientização da comunidade local.

Instituto Pró-Carnívoros: http://procarnivoros.org.br. *Site* do grupo conservacionista Pró-Carnívoros, que visa promover a conservação dos mamíferos carnívoros e de seus hábitats.

Instituto Renctas: www.renctas.org.br. O Renctas é uma organização não governamental (ONG) que trabalha pela conservação da biodiversidade. Em seu *site* podem ser encontradas diversas informações a respeito da biodiversidade e do *status* de conservação de espécies nacionais.

Livro-reportagem de ((o))eco apresenta 11 travessias em unidades de conservação, de Sabrina Rodrigues. *((o)) eco*, 30 jul. 2018. Essa página apresenta um livro e outras publicações cujo tema são as unidades de conservação no país. Disponível em: www.oeco.org.br/noticias/livro-reportagem-de-oeco-apresenta-11-travessias-em-unidades-de-conservacao. Acesso em: 24 maio 2019.

Lista de espécies ameaçadas: www.icmbio.gov.br/portal/especies-ameacadas-destaque. Essa página do Ministério do Meio Ambiente apresenta a lista de mamíferos e invertebrados aquáticos ameaçados de extinção.

PROPOSTA INVESTIGATIVA 1

ANIMAIS BRASILEIROS AMEAÇADOS DE EXTINÇÃO E PROJETOS DE CONSERVAÇÃO

> **Metas**
> - Conhecer os procedimentos de recuperação e conservação.
> - Relacionar animais ameaçados de extinção a seu ecossistema no Brasil.

Primeira fase

Em grupo

1. Escolham quais animais (mamíferos, aves, anfíbios, répteis, invertebrados etc.) e qual bioma serão abordados – Mata Atlântica, Amazônia, Cerrado, Pampa, Caatinga (ou mais de um).
2. Pesquisem o tema individualmente para exercitar o hábito de fazer buscas por conteúdo relevante. Vocês podem usar, por exemplo, as palavras "mamíferos ameaçados + Pantanal + conservação". Além de textos e fotografias, podem também consultar *links* de filmes.
3. Depois de selecionarem uma ou mais espécies para pesquisa, coletem por escrito os seguintes dados: importância ecológica, hábitat, hábitos (de alimentação, de refúgio) e qual sua participação no ecossistema em que está inserida.

A seguir, conheçam um dos projetos de conservação de espécies de maior sucesso e relevância no Brasil. Desde 1980, o Projeto Tamar faz pesquisas, proteção e manejo das cinco espécies de tartarugas marinhas ameaçadas de extinção, atuando em sete estados brasileiros.

O Projeto Tamar comemora […] o nascimento do filhote simbólico de tartaruga marinha de número 35 milhões com solturas em alguns pontos do litoral brasileiro. É a forma escolhida para assinalar um marco nos resultados alcançados, com reconhecimento internacional de uma das mais bem-sucedidas iniciativas de conservação marinha do mundo. […]

Segundo a Fundação Pró-Tamar, os resultados alcançados são apresentados em congressos nacionais e internacionais, além de contarem com ampla divulgação na mídia. Entre as pesquisas em andamento, destacam-se […] mudanças climáticas e suas consequências para as tartarugas, padrões genéticos em áreas de desova e de alimentação […].

↑ O nascimento de uma tartaruga.

Tamar comemora 35 milhões de tartarugas protegidas com soltura de filhotes em Noronha. *Diario de Pernambuco*, 6 abr. 2018. Disponível em: www.diariodepernambuco.com.br/app/noticia/vida-urbana/2018/04/06/interna_vidaurbana,747743/tamar-comemora-35-milhoes-de-tartarugas-protegidas-com-soltura-de-filh.shtml. Acesso em: 20 maio 2019.

Segunda fase

Em grupo

1. Todos devem trazer as anotações coletadas durante a pesquisa para a elaboração do produto final.
2. Troquem informações e discutam suas opiniões.
3. Elaborem um cartaz em papel ou *slides* para apresentar ao público, seguindo a orientação geral 2.

PROPOSTA INVESTIGATIVA 2

ÁRVORES E FLORESTAS BRASILEIRAS AMEAÇADAS DE EXTINÇÃO E PROJETOS DE CONSERVAÇÃO

> **Metas**
> - Conhecer os procedimentos de recuperação e conservação.
> - Relacionar árvores ameaçadas de extinção a seu ecossistema no Brasil.

Primeira fase
Em grupo

A questão do desmatamento é hoje o mais grave problema ambiental do Brasil. É essa situação que leva o país a entrar nas estatísticas de nações com elevada emissão de gases poluentes. Entre os causadores desse problema destacam-se as queimadas e a derrubada de árvores para dar lugar a áreas de plantio, criação de gado e mineração. Além disso, árvores de alto valor comercial são retiradas indiscriminadamente das florestas tropicais e, com elas, muito se destrói, porque o corte de uma árvore sempre afeta o que está ao redor. Portanto, a extração de árvores é uma ameaça à floresta como um todo, com uma consequência ainda mais grave: pode levar à perda de espécies que existem somente em determinadas regiões.

1. Reúna-se com os colegas de grupo e, juntos, definam quais árvores, florestas ou biomas serão estudados: Mata Atlântica, Amazônia, Cerrado, Pampa ou Caatinga.
2. Realizem pesquisas individuais para exercitar o hábito de fazer buscas por conteúdo relevante. Vocês podem usar, por exemplo, as palavras de busca "árvores + extinção + Caatinga".
3. Quando uma ou mais espécies forem selecionadas para pesquisa, coletem por escrito os seguintes dados: importância ecológica, hábitat, demanda por luz e água, enfim, qual sua participação no ecossistema em que está inserida.

↑ A castanheira-do-brasil, também conhecida como castanheira-do-pará (*Bertholletia excelsa*), é uma árvore ameaçada de extinção.

Segunda fase
Em grupo

1. Todos devem trazer as anotações coletadas durante a pesquisa para a elaboração do produto final.
2. Troquem informações e discutam suas opiniões.
3. Elaborem um cartaz em papel ou *slides* de computador para apresentar ao público, seguindo a orientação geral 2.

PROPOSTA INVESTIGATIVA 3

CAÇA OU PESCA PREDATÓRIA E TRÁFICO DE ANIMAIS

> **Meta**
> Divulgar denúncias de tráfico de animais silvestres ou plantas, e de caça e pesca predatórias.

Primeira fase

Em grupo

Contrariando a legislação, ainda ocorre a pesca com redes de malha fina em épocas de reprodução (período do defeso); matam-se desnecessariamente filhotes e adultos que nem chegaram a se reproduzir. Da mesma forma, peixes ornamentais e aves da Amazônia e do Pantanal são traficados vivos para a Europa e os Estados Unidos. Essas atividades são denominadas **caça e pesca predatórias**, sendo o ser humano o responsável direto pela matança desses animais, o que os leva ao risco de extinção.

Os grupos que escolherem essa proposta devem pesquisar aspectos diferentes: a situação do tráfico; a caça ilegal e a pesca predatória. O ideal é que escolham preferencialmente ocorrências em biomas ou ecossistemas que estão estudando (ecossistemas costeiros, Amazônia, Pantanal etc.) ou no Brasil como um todo.

1. Realizem pesquisas individualmente para exercitar o hábito de fazer buscas por conteúdo relevante. Vocês podem usar, por exemplo, as palavras de busca "tráfico + animais + silvestres".

2. Reúnam-se em grupo e definam o aspecto a ser estudado.

3. Coletem por escrito os seguintes dados: importância ecológica, hábitat, hábitos (de alimentação, de refúgio) e como a espécie participa do ecossistema em que está inserida.

↑ Filhotes de papagaio e arara encontrados em porta-malas de um veículo sendo transportados de forma clandestina em Catanduva (SP). Muitos animais silvestres são capturados para serem vendidos como animais domésticos.

Segunda fase

Em grupo

1. Todos devem trazer as anotações coletadas durante a pesquisa para a elaboração do produto final.

2. Troquem informações e discutam suas opiniões.

3. Elaborem um cartaz em papel ou *slides* para ser apresentados ao público, seguindo a orientação geral 2.

ETAPA 3 RESPEITÁVEL PÚBLICO

É chegada a hora de finalizar as propostas investigativas feitas pelos grupos e divulgá-las para um público mais amplo. Todas elas relacionam-se ao tema geral do projeto e à questão do quadro **Direto ao ponto** (página 9).

Os produtos finais são momentos de troca e de compartilhamento, entre os alunos, do que foi aprendido durante o processo. É justamente a participação de cada aluno nas apresentações de todos os grupos que possibilita compreender o tema do projeto de forma mais ampla.

Neste projeto, as pesquisas sobre os animais e as plantas em extinção, bem como sobre o tráfico de animais selvagens, promovem uma melhor compreensão das ameaças à biodiversidade e da importância de sua conservação. A pesquisa é o momento de ampliar o conhecimento, selecionar informações e elaborar argumentos para preservar a vida.

- Combinem com os coordenadores e professores um local e uma data para a inauguração da exposição de cartazes ou *slides*, acompanhada de convite ao público.
- Expliquem oralmente como a extinção vem acontecendo e está sendo enfrentada nos casos investigados pelo grupo.
- Estejam preparados para mostrar exemplos interessantes e responder às perguntas do público.

Produto final

Exposição de cartazes ou *slides*.

ATITUDES LEGAIS

Nesta etapa, verifique se você:
- está ouvindo atentamente seu colega;
- não está impondo sua vontade;
- está sendo paciente com quem tem dificuldades de se expressar.

BALANÇO FINAL

Avaliação coletiva

Conversa com a turma sobre o desenvolvimento do projeto, de preferência na presença dos professores de Ciências e de Língua Portuguesa.

- Inicialmente, recordem o que pensavam sobre a questão norteadora no início do projeto. Então, avaliem:
- O que foi aprendido com esse projeto, tendo em vista o que se propôs investigar?
- Os produtos finais conduziram ao problema e à resposta dele? Outras respostas são possíveis? Que investigações poderiam ser feitas em outros momentos?
- Como sua compreensão do tema do projeto foi modificada?

Avaliação individual

Conclua a avaliação feita ao longo do projeto.

↑ Criança yanomami com macaco-de-cheiro, na aldeia Ixima. Santa Isabel do Rio Negro (AM).

Percorrer o caminho do conhecimento é a melhor maneira de entender o mundo que nos cerca e nele agir. Diferentemente de muitos indígenas, que ainda vivem em ambientes naturais, uma vez que fomos distanciados do contato direto com a natureza, é necessário buscar informação de qualidade para valorizar aquilo que é importante. E, desse modo, aprender o que eles já sabem: sem a biodiversidade e o convívio com ela somos bem menos do que podemos ser.

PROJETO 2
Nossos batuques, nossa história

Desde tempos ancestrais, a música acompanha o ser humano nos momentos alegres, tristes ou sagrados. Fazemos música usando a voz, o corpo e os objetos da natureza.

A história dos ritmos musicais e dos instrumentos de percussão é muito antiga. Esses instrumentos musicais são considerados, inclusive, os mais antigos que existem. Neles, o som é obtido por impacto, que pode ser produzido com as mãos ou com o auxílio de baquetas. Eles são parte das manifestações culturais de povos em todo o mundo, contam suas trajetórias e participam da formação de suas identidades.

Ao longo do tempo, as culturas vão se transformando, mas certos elementos permanecem, tornando-se tradicionais. Uma cultura como a brasileira, que foi constituída por diferentes povos, tem na diversidade uma de suas características principais – e nossas tradições se constituíram dessa soma, dessas misturas.

Vamos pesquisar a tradição dos batuques no Brasil, com a ajuda inicial do pandeiro, de usos, tamanhos e sonoridades diversas.

DE OLHO NO TEMA

Na imagem, vemos Jackson do Pandeiro (1919-1982), um cantor e compositor brasileiro muito influente em gêneros musicais, como o samba e o forró. O pandeiro e outros instrumentos de percussão são parte fundamental da música brasileira. Ritmos como o baião, o maracatu, o xote e o pagode também utilizam esses instrumentos.

- As músicas acompanhadas por instrumentos de percussão fazem parte de sua vida ou da de sua comunidade? Em quais momentos?
- Em sua opinião, a percussão e os ritmos musicais são importantes para a cultura brasileira?
- O pandeiro viajou por muitos lugares antes de chegar ao Brasil. Que caminho você imagina que ele percorreu?

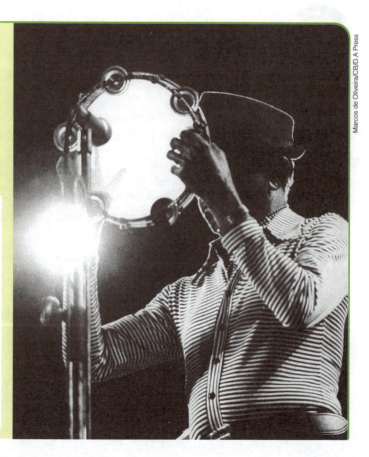

DIRETO AO PONTO

Ao investigar a história dos batuques, o que podemos descobrir sobre nossa própria cultura e nossa identidade?

JUSTIFICATIVAS

- A expressão artística de um povo é uma chave para compreender sua história. Assim, conhecer a história dos batuques brasileiros é entrar em uma viagem que nos levará à formação de nosso país, rumo às raízes de nossa identidade e diversidade nacional, regional e local.

OBJETIVOS

- Conhecer elementos multiculturais da formação brasileira.
- Analisar e comparar documentos históricos.
- Experimentar ritmos.
- Apreciar música de várias origens.
- Resgatar elementos da história musical da comunidade ou da família.
- Musicalizar narrativas.

QUAL É O PLANO?

↓ Johann Moritz Rugendas. *Jogar capoeira*, 1835. Gravura (detalhe).

Etapa 1 – Explorando o assunto

- África de muita história
- Brasil dos pandeiros
- Pandeiros de outros tempos
- Música do mundo
- As qualidades do som

Etapa 2 – Fazendo acontecer

- **Proposta investigativa 1** – Batuques na história
- **Proposta investigativa 2** – Tambores na diversidade cultural

Etapa 3 – Respeitável público

- Organização e seleção dos conhecimentos adquiridos
- Preparação e apresentação dos produtos finais

Balanço final

- Avaliação individual e coletiva

Avaliação continuada: Vamos conversar sobre isso?

ETAPA 1 — EXPLORANDO O ASSUNTO

África de muita história

A África é o continente onde surgiu a espécie humana e tem uma história de milhares de anos. Centenas de línguas e dialetos tomam parte da imensa riqueza cultural dos povos africanos, que já viveram múltiplas organizações sociais ao longo de séculos. Além de inúmeras sociedades tribais, houve também grandes cidades e impérios ricos e poderosos durante períodos pré-coloniais.

No século XVI, com a chegada dos europeus à América, intensificou-se o comércio de africanos escravizados para trabalhar no continente americano. Mas, a partir do século XIX, algumas potências europeias invadiram e colonizaram o território africano. Fronteiras foram traçadas de acordo com interesses alheios à história e à cultura dos diferentes povos que lá viviam, o que impulsionou um grande número de guerras e conflitos, alguns dos quais perduram até a atualidade. Ao longo da segunda metade do século XX, os países africanos foram conquistando suas independências, em um longo período de reestruturação econômica e social que dura até hoje.

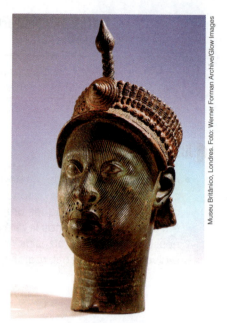

↑ Escultura de metal da cultura de Ifé. Bronze, 36 cm.

Conhecida como "Cabeça de Ifé", essa escultura se tornou simbólica da cultura iorubá, sendo reproduzida, no Brasil, no Monumento a Zumbi dos Palmares, no Rio de Janeiro. Acredita-se que seja a representação de Oni, personalidade respeitada como rei e divindade.

A influência africana no Brasil

A cultura africana chegou ao Brasil no século XVI com os povos escravizados, que continuaram a ser trazidos para cá nos quase quatro séculos em que existiu a escravidão comercial. Nesse período, milhões de africanos foram capturados e enviados para as Américas em condições desumanas. O comércio de escravos começava na captura ainda na África, passava pelo deslocamento em navios negreiros pelo Oceano Atlântico e terminava com a venda na América.

Na época, o continente africano era dividido em inúmeros reinos e comunidades nativas. De maneira geral, esses homens e mulheres vinham de duas regiões. Alguns partiam da África Ocidental, onde estavam grupos étnicos como os hauçás, iorubás e jejes. Por outro lado, havia os escravizados de origem banto, provenientes de Congo, Moçambique e Angola.

Esses grupos tinham diferentes idiomas, religiões, tradições e hábitos. No entanto, quando chegavam ao Brasil, essa diversidade era ignorada e a cultura africana era, sempre que possível, suprimida pelos colonizadores. Por exemplo, eles faziam a conversão forçada ao catolicismo, processo no qual os escravos eram batizados e recebiam nomes de origem portuguesa.

Essas pessoas resistiram das mais diversas formas às violências da escravização. A resistência cultural, por exemplo, pode ser percebida até a atualidade quando olhamos para a cultura brasileira. Está expressa em nossa alimentação, em pratos como o vatapá, o acarajé e o mugunzá; na religião, com o candomblé e a umbanda; e na própria língua portuguesa, em palavras como axé, batuque, caçula, cafuné, cachimbo, fubá, moleque, quitanda etc.

Na música, essa influência também existe até hoje. Alguns ritmos da cultura africana formam a base da música popular brasileira. O lundu, por exemplo, é um gênero musical que está na origem do samba, do choro, da bossa-nova e do maxixe. Ritmos como o jongo e instrumentos como o atabaque e o berimbau também compõem essa herança africana.

↑ Johann Moritz Rugendas. *Dança lundu*. Gravura publicada no livro *Viagem pitoresca através do Brasil*, 1835. Representação do lundu, canto e dança de origem africana, como era praticado no século XIX.

↑ Roda de jongo realizada em frente à Igreja de São Benedito, em Campinas (SP), 2014.

Ao som dos tambores

A importância da história oral para a cultura africana dentro e fora da África é, hoje, largamente reconhecida. Os contadores de histórias africanos, chamados **griôs**, mantêm viva a memória de seu povo cantando, contando as histórias e tocando tambores.

As narrativas, acompanhadas por instrumentos musicais, são passadas de pai para filho. Havia inclusive famílias de músicos tradicionais que serviam somente aos reis e recitavam narrativas de acontecimentos políticos durante as cerimônias. Os tambores cumpriam também outras funções, como transmitir informações a distância, acompanhar gritos de guerra para incentivar o heroísmo ou ainda como oráculos para adivinhar o futuro.

Os atabaques são importantes nos rituais das religiões de matriz africana, como o candomblé.

↑ Pessoas tocam atabaque no Carnaval de 1981, em Belo Horizonte.

GLOSSÁRIO

Griô: contador de histórias tradicionais do povo; também pode ser aplicado a músico ou poeta.

1. Destaque fatos marcantes sobre a História da África apresentados no texto.
2. O que o texto aponta sobre a cultura africana presente no cotidiano dos brasileiros, em geral?
3. Qual é o papel dos tambores e dos contadores de histórias nas tradições africanas?
4. Nomeie alguma prática da cultura afro-brasileira em que os tambores estão presentes.
5. Você já teve alguma experiência com batuques? Se sim, conte suas impressões a respeito da sonoridade deles e em que lugares e situações ocorreu o contato.

27

Brasil dos pandeiros

A palavra **samba** tem origem antiga, e era usada como sinônimo do termo **batuque** para se referir a expressões da dança, da música e das festividades da população negra. Ambas as palavras apareceram, por exemplo, no Código de Posturas de Belém, de 1880, que punia com multa de 30 mil réis quem fizesse "batuques ou samba".

Ainda no final do século XIX, porém, a palavra **samba** receberia o sentido mais próximo ao que conhecemos hoje. Isso ocorreu com a chegada das "tias baianas" ao Rio de Janeiro. Essas mulheres apresentaram aos cariocas o ritmo baiano do samba de roda, que viria a dar origem ao samba moderno.

A mais famosa dessas tias baianas foi Hilária Batista de Almeida, a Tia Ciata, nascida em 1854 na cidade de Santo Amaro, Bahia. Em 1876, ela se mudou para a capital federal, no Rio de Janeiro. Era uma das personagens mais importantes da chamada **Pequena África**, como era conhecida, na época, a Praça Onze. Símbolo da resistência da cultura negra no Brasil, Tia Ciata era quituteira e uma mãe de santo que abrigava músicos em sua casa, numa época em que as religiões afro-brasileiras e os batuques eram proibidos no país. Conta-se que a música *Pelo telefone*, primeiro samba a ser gravado (em 1916) e que fez grande sucesso no Carnaval de 1917, teria sido criado em sua casa, inclusive com a sua participação. Tia Ciata morreu em 1924. O candomblé somente seria legalizado uma década depois, em 1934, mesma época em que o samba passou a ser aceito pelas elites da sociedade, e não mais perseguido pelo Estado.

Tia Ciata (1854-1924), a mais famosa das "tias baianas", que contribuíram de modo significativo para o surgimento do samba.

1. Na internet, ouça a gravação de *Pelo telefone* de 1916, cantada por Bahiano e coro. Perceba se é fácil ou difícil entender a letra da canção e dê sua interpretação. A canção começa com: "o chefe da folia / pelo telefone / mandou avisar..."

2. Há duas paródias de *Pelo Telefone*. A primeira, contemporânea à canção original, tornou-se mais conhecida do que ela, e começa com: "o chefe da polícia / pelo telefone / mandou avisar...". A segunda, mais recente, foi composta por Gilberto Gil. Colete as letras, analise-as e registre suas opiniões.

3. Compartilhe os dados pesquisados e sua interpretação.

Examinando documentos

Podemos afirmar que a relação da sociedade brasileira com os instrumentos de batuque – entre eles, o pandeiro – e com o samba mudou ao longo dos anos?

Para investigar esse tema, você precisa buscar informações em diferentes fontes históricas.

Documento 1

A imagem a seguir é a reprodução de páginas da revista *Carioca*, de 1939, nas quais temos a entrevista com o sambista João da Baiana (1887-1974). Nela, o artista conta como era a repressão ao samba e como isso mudou com o passar do tempo. Leia um trecho da entrevista.

João da Baiana [...] continua:

– O que eu não compreendi até hoje é a **quizila** da polícia da época pela calça larga. No entanto, anos mais tarde, a calça larga foi vestida por todos os elegantes do Rio... Lembra-se disso?

E como concordássemos:

– Pois é. Mas a polícia daquele tempo não queria saber de nada e metia todo "calça larga" no xadrez. A perseguição da polícia não podia impedir, entretanto, que o samba seguisse seu destino... Eu, por exemplo, fui uma grande vítima: por causa do samba, trancafiaram-me muitas vezes na cadeia e quebraram-me muitos pandeiros. O único delegado que, mais tolerante, me poupava o pandeiro era o velho dr. Meira Lima. Ele permitia que eu entrasse no xadrez com pandeiro e tudo [...]. Mas, como já disse, os tempos mudam. E, em pouco, o samba foi merecendo a atenção dos políticos da época... Certa feita, o general Pinheiro Machado quis ouvir-me bater o pandeiro, e, como este, dias antes, tivesse sido quebrado pela polícia, mandou ele o tenente Palmyro Pulcherio, seu correligionário, comprar-me um que é este velho "couro" que você aqui vê. Daí por diante o samba começou a gozar da proteçãozinha, velada embora, dos políticos da época [...]. Assim, dentro em pouco, o novo ritmo invadia os lares e os salões da alta sociedade [...]. Quem havia de dizer que o velho pandeiro, que padeceu as maiores afrontas, viesse a gozar das honrarias que hoje goza.

Lourival Coutinho. O samba nasceu na Baía? *Carioca*, Rio de Janeiro, nº 200, p. 37, ago. 1939.

GLOSSÁRIO

Quizila: aversão gratuita; implicância; antipatia.

Legenda à esquerda: "O pandeirista [João da Baiana] mostra ao repórter o pandeiro que lhe ofereceu Pinheiro Machado". Legenda à direita: "João da Baiana pagava com o xadrez o feio 'crime' de cantar samba e tocar pandeiro". Revista *Carioca*, nº 200, p. 35, ago. 1939.

 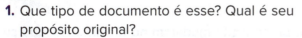

VAMOS APROFUNDAR

1. Que tipo de documento é esse? Qual é seu propósito original?
2. O título da matéria é escrito em tom interrogativo. Por que haveria essa dúvida?
3. Quem são as pessoas representadas na imagem? Como essas pessoas estão vestidas?
4. Por que, em sua opinião, a polícia da época perseguia os sambistas? Esse conflito ainda existe no Brasil?
5. No documento, fala-se que a polícia perseguia quem usava calça larga (roupa que, na época, era relacionada aos sambistas). Existe, hoje, essa relação entre roupa, música e classe social? Certas formas de vestir ainda despertam preconceito?

Documento 2

Agora vamos analisar outro documento relacionado ao mesmo personagem: o samba *Cabide de mulambo*, interpretado pelo entrevistado, João da Baiana. Leia o trecho da letra abaixo.

Cabide de mulambo

Meu Deus, eu ando com o sapato furado, Tenho a mania de andar engravatado.
A minha cama é um pedaço de esteira, E uma lata velha que me serve de cadeira.

Minha camisa foi encontrada na praia,
A gravata foi achada na Ilha da Sapucaia, Meu terno branco parece casca de alho,
Foi a deixa de um cadáver, num acidente no trabalho.

O meu chapéu foi de um pobre surdo e mudo,
As botina foi de um velho, da Revorta de Canudo. Quando eu saio a passeio, as almas ficam falando: Trabalhei tanto na vida, pro malandro estar gozando.

A refeição é que é interessante.
Na tendinha do Tinoco, no pedir eu sou constante. O Português, meu amigo sem orgulho,
Me sacode um caldo grosso, carregado no entulho.

"Cabide de Mulambo" (Luiz Bittencourt/Tuyo) © 1949 by Todamérica Edições Ltda.

1. O personagem da letra do samba representa um indivíduo negro e pobre. Como você relaciona sua situação econômica com a herança da escravidão?

2. Pela leitura dos documentos, pode-se dizer que, após a abolição, o Estado tomou providências para reverter as distorções e as desigualdades sociais causadas pela escravidão?

1. Em sua opinião, com o tempo, as questões de preconceito mudaram no Brasil? Justifique sua resposta.

2. Ainda existem no Brasil gêneros musicais que são objetos de discórdia e até mesmo de repressão? Se sim, quais gêneros?

3. O que podemos fazer para tornar nosso país mais tolerante e respeitoso com outras culturas e, assim, não repetir os erros do passado?

Pandeiros de outros tempos

Os instrumentos de percussão estão entre os mais antigos que existem, e todos os povos criaram os seus. Sejam grandes como os atabaques, sejam leves e versáteis como os pandeiros, eles aparecem em vários momentos da história. Há indícios desses instrumentos já no Período Paleolítico. Eles estão em festas e rituais do mundo todo. Também foram ou ainda são usados por alguns povos indígenas brasileiros; no entanto, os instrumentos mais comuns feitos e tocados por esses povos são os chocalhos, as flautas e os apitos.

Indígenas saterê-mawé na aldeia Inhaã-Bé. Manaus (AM).

No Oriente Médio e no norte da África, onde há uma maioria muçulmana, os pandeiros são muito comuns e há de variados tipos. Entre eles, o *duff* é um dos mais conhecidos.

Detalhe da parede do Palácio de Chehel Sotun, na cidade de Isfahan, no Irã, construído no século XVII. Na imagem, vemos os pandeiros *duff*.

Portugueses e espanhóis conviveram com os muçulmanos durante um longo período, sobretudo entre 711 a 1492, quando os islâmicos governaram boa parte da Península Ibérica. Assim, os portugueses que vieram ao Brasil trouxeram grande influência dessa cultura. O idioma português, por exemplo, foi influenciado por palavras em árabe. A maioria das palavras começadas em **al**, como **almoxarifado** e **almofada**, tem essa origem. Entre essas influências, está também o uso de pandeiros em festas populares e cerimônias religiosas.

Na cultura tradicional portuguesa, o chamado **adufe** é um tipo de pandeiro tocado em muitas manifestações artísticas regionais ainda hoje.

Apesar de o pandeiro existir em várias culturas, ele se tornou um símbolo da cultura brasileira no exterior. Em alguns países, usa-se a palavra **pandeiro** para falar sobre o modo brasileiro de tocar o instrumento. Isso porque, enquanto em diferentes culturas toca-se o pandeiro na vertical (como pode ser observado nas imagens dos pandeiros do Oriente Médio e de Portugal), no Brasil ele é tocado na horizontal.

Uma explicação possível para isso seria a influência dos povos da África Subsaariana, de onde veio a maior parte dos escravizados trazidos ao Brasil. Naquela região, instrumentos de percussão, como os atabaques, eram mais comuns do que o pandeiro. Os atabaques, porém, são tocados na horizontal. Isso pode indicar que, ao conhecer um instrumento novo, os homens e mulheres escravizados adaptaram-no a seu próprio modo de tocar.

Apesar de esse batuque tipicamente africano ter sido marginalizado ao longo de nossa história, na atualidade é inegável que ele conquistou o gosto nacional. Entre os instrumentos de batuque, o pandeiro é um dos mais populares. Ele tem uma importante função em vários ritmos populares brasileiros, como o samba, o forró, o repente e a embolada. Em cada um desses ritmos, o pandeiro é tocado de maneira diferente e, para quem os conhece, é fácil perceber essas diferenças. E é nas festas populares que os instrumentos de percussão têm seus dias de glória.

↑Aula de adufe na Movimento Português de Intervenção Artística e Educação pela Arte (MOVEA), uma associação sem fins lucrativos sediada em Lisboa, Portugal.

↑Cacau do Pandeiro, no Festival de Primavera em Salvador (BA).

O bloco Ilú Obá de Min, formado por mulheres percussionistas, nas ruas de São Paulo em 2018.

PENSANDO JUNTOS

1. Podemos afirmar que o povo português incorporava elementos de diferentes culturas? Por quê?

2. Nas manifestações culturais do povo brasileiro, é possível perceber elementos de diferentes culturas? Por quê?

3. Considerando o que vimos até agora, podemos afirmar que o pandeiro é um elemento que representa a diversidade cultural brasileira? Justifique sua resposta.

4. Em sua opinião, as culturas dos diferentes povos que compuseram o Brasil ao longo do tempo combinaram e formaram uma nova cultura? Por quê?

Organizando informações

Neste momento, iniciaremos um trabalho de organização cronológica de dados históricos.

A **linha do tempo** é uma ferramenta para organizar uma narrativa de forma cronológica. Nela, incluímos datas de acontecimentos e períodos. Os períodos são mais flexíveis e, dentro deles, podemos nomear acontecimentos ou processos em que as datas não são muito exatas. Vejamos o exemplo a seguir, relacionado a nosso tema.

Os quadros também podem ser usados para organizar fatos associados a datas e períodos relevantes.

1. Consultem o texto "Pandeiros de outros tempos" (páginas 31 e 32) para preencher o quadro a seguir. Discutam entre si as melhores opções.

Período ou ano	Fatos da História	Tambores e música
Paleolítico	Sem documentação escrita da história	
711-1492	Domínio muçulmano na Península Ibérica	
1500	Chegada dos portugueses ao Brasil	
Final do século XIX	Criação do samba	
1916	Primeira Guerra Mundial (1914-1918)	Primeiro samba gravado: *Pelo telefone*.

2. Pesquise e amplie o quadro com mais informações relevantes. Crie novos tópicos para a cronologia.

- Procure outras informações acerca da história da música e do samba na internet, em livros, revistas e em outras fontes confiáveis.
- Pesquise imagens relacionadas a batuques e pandeiros para enriquecer a cronologia.
- Encontre exemplos de músicas apreciadas pelos colonizadores europeus quando chegaram ao Brasil e dos instrumentos utilizados.
- Especifique o ano ou o período do tópico ou fase pesquisada.
- Localize o lugar no quadro em que sua pesquisa se encaixa.

APOIO

Musica Brasilis: http://musicabrasilis.org.br. Acesso em: 14 jun. 2019. Nesse *site*, você encontra um histórico da música brasileira com informações interessantes, organizadas em uma linha do tempo.

O que o samba pode te ensinar?, de Pedro Borges. *Centro de Estudos das Relações de Trabalho e Desigualdades – Ceert*, 19 jan. 2016. Artigo que trata de como esse gênero musical também engloba muitos conhecimentos a respeito do Brasil e dos brasileiros. Disponível em: www.ceert.org.br/noticias/historia-cultura-arte/9814/o-que-o-samba-pode-te-ensinar. Acesso em: 25 maio 2019.

Minha comunidade e as tradições afro-brasileiras

← A fotografia apresenta a congada, uma festa popular na qual se misturam a religiosidade popular católica e referências à história e às religiosidades africanas. Na ocasião, encena-se a coroação do rei e da rainha do Congo. A imagem foi feita em 1865 por Arsênio da Silva.

→ Os cantos, o pandeiro e o tambor, além de outros instrumentos de percussão, fazem parte das celebrações de cacumbi, na Igreja de Nossa Senhora do Rosário e São Benedito, em Laranjeiras (SE). O grupo, formado apenas por homens, se reúne para louvar os padroeiros, seguindo o ritmo forte marcado pelo tambor.

Os batuques estão em muitas comunidades brasileiras. É possível que exista, em sua comunidade ou família, pessoas envolvidas com os batuques por meio da música, das religiões afro-brasileiras, da capoeira ou de outras manifestações. Elas podem contribuir para esse projeto.

 **VAMOS AGIR**

1. Forme um grupo com os colegas e, juntos, pesquisem uma dessas manifestações culturais em sua comunidade e os músicos envolvidos nesses eventos.
2. Planejem como encontrar essas pessoas e que perguntas podem ser feitas a elas. Veja, a seguir, alguns exemplos de questões.
   - Que tipo de instrumento de percussão você toca?
   - Em que tipo de atividade você toca esse instrumento?
   - De que forma ele é usado?
   - Qual é o papel desse instrumento na composição musical?
   - Conte sua história como percussionista.

ATITUDES LEGAIS

O direito de cada pessoa praticar a própria religião é uma das liberdades fundamentais de nosso país. Devemos respeitar a fé de todos os cidadãos para que nossas escolhas também sejam respeitadas.

Música do mundo

Ao longo de toda a história, podemos encontrar indícios da relação entre os seres humanos e a música. A música foi utilizada com as mais diversas funções, como parte de celebrações, de momentos de lazer, em ambientes religiosos, em situações de tristeza etc. Em todas as épocas e regiões do mundo, a música foi uma linguagem que comunicou sensações, pensamentos, valores e aspectos culturais.

Cada sociedade, em determinados espaços e momentos históricos, produz uma sonoridade em sintonia com o mundo em que vive. Ao mesmo tempo que encontramos e organizamos a paisagem sonora do mundo por meio da linguagem musical, criamos também novos sons ao nosso redor.

A linguagem musical pode, muitas vezes, superar as barreiras dos idiomas, pois uma pessoa é capaz de compreender as emoções expressas por uma música sem necessariamente entender o significado de suas letras. Do mesmo modo, por meio de um estilo musical, é possível conhecer um período da história ou uma região do mundo. Isso acontece, por exemplo, quando reconhecemos a melodia de uma peça musical, ou seja, as notas musicais e os diferentes sons organizados em sequência. Uma melodia pode quase que imediatamente nos remeter a um lugar, um período ou uma cultura.

Exemplos disso são as composições tradicionais, como a tarantela (de origem italiana), a música folclórica alemã, os ritmos indianos, o tango argentino, o samba brasileiro, entre outras. Essas diversas composições têm ritmos distintos, isto é, repetições de sons mais fortes ou mais fracos e batidas regulares que imediatamente associamos a determinada cultura. Por esse motivo, podemos ouvir um samba cantado em inglês, em português ou em alemão e, ainda assim, saber qual ritmo musical estamos escutando.

O ritmo é construído por meio de pulsações fortes e fracas. Enquanto as pulsações se repetem, o ritmo traz o sentimento de ciclos ou de circularidade. Essa organização do tempo em ciclos está presente não apenas na música mas também na vida, como a repetição do dia e da noite. Essa passagem do tempo parece sugerir um começo, um meio e um fim, o que organiza a vida coletiva.

Os instrumentos musicais são fundamentais para a identificação de uma melodia ou um ritmo específico. O uso do *taiko*, por exemplo, remete rapidamente ao estilo de percussão japonesa. O *darbuka*, por outro lado, fornece a base rítmica para a música árabe, típica de países como o Líbano, a Síria ou o Egito. Mesmo o corpo humano pode ser utilizado como instrumento de percussão, algo que ocorre no caso do *step-dancing*, de origem afro-americana.

↑ Grupo de percussão japonesa tocando diversos tipos de *taiko*.

↑ Simona Abdallah tocando *darbuka*, em 2015.

Coleção de músicas do mundo

A proposta é montar uma coleção variada de músicas do mundo todo em que sejam tocados pandeiros e outros instrumentos de percussão. Com essa coleção, podemos investigar também a variedade cultural que influencia nossa cultura. Na musicalidade brasileira são encontrados ritmos de diversas tradições culturais, como a africana, a europeia e a indígena.

Depois, vamos escutar em grupo os mais diferentes batuques e apreciar coletivamente a sonoridade deles.

1. Usando como fonte para coletar músicas a internet, bibliotecas, parentes e amigos (entre outras), tragam para a sala de aula um som de percussão de alguma parte do mundo. Vocês podem procurar em um serviço de *streaming*, gravar o áudio da música no celular ou trazê-la em CD.
   - Para buscar os registros sonoros em bibliotecas ou *sites*, usem as palavras-chave destacadas a seguir.

Toques tradicionais africanos

↑ Tambores tradicionais da etnia batá (leste africano).

Músicas indígenas

↑ Canção tikuna (etnia amazônica).

Jackson do Pandeiro

↑ Jackson do Pandeiro.

Adufe

↑ Adufe, instrumento musical português.

Pandeirão de boi
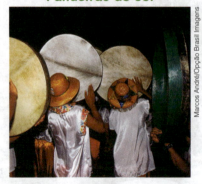
↑ Pandeirão de boi (maranhense)

Arabic music – *duff*

↑ *Duff*, instrumento de percussão árabe.

- Quais outras palavras-chave podem ajudar na montagem de uma coleção de música do mundo?
- Combine com os colegas como será montada e compartilhada sua coleção de músicas do mundo.

2. A música não se faz presente apenas quando tocamos e cantamos mas também quando a escutamos. Uma vez coletados os sons pesquisados, organizem o momento de apreciar as músicas. Em relação a cada música selecionada, analisem os itens a seguir.

- Quais são as impressões, sensações, emoções e imagens que as músicas selecionadas nos trazem?
- Observem e descrevam os gestos dos percursionistas.
- Sintam a pulsação básica, fazendo a marcação com os pés.
- Diferenciem os sons de percussão da sonoridade de outros instrumentos.
- Façam gestos com as mãos, como se fossem o percussionista, tentando entrar no ritmo.

Reflita e registre

1. Quais são as semelhanças e as diferenças entre as músicas do mundo?

2. Quais despertaram em você a vontade de dançar?

3. Quais estilos musicais apresentam apenas instrumentos de percussão e em quais eles são acompanhados por outros tipos de instrumento?

4. Há semelhanças entre *duff*, adufe, tambores africanos e o pandeirão maranhense? Quais?
- Após responder, compartilhe suas impressões e registros com os colegas.
- Leia o texto "As qualidades do som" e acrescente informações às análises.

ATITUDES LEGAIS

A conversa e a música têm sons e silêncios, perguntas e respostas. Escutar o outro e o grupo é atitude que merece atenção.

As qualidades do som

O som é uma **forma de energia** que se propaga por ondas em meio material – no ar, na água ou em sólidos. As ondas sonoras transportam vibrações em uma frequência perceptível pelo ouvido humano. Uma membrana (no caso dos instrumentos de percussão) ou uma corda (nos instrumentos de corda) precisa ser vibrada para produzir um som, que tem a sua assinatura.

As diferentes fontes sonoras emitem sons característicos. Essa qualidade sonora é conhecida como **timbre**. Por essa característica é que podemos saber quem está falando, qual instrumento está tocando, qual máquina está fazendo barulho etc.

Cada um desses sons pode ser muito forte e intenso ou bem fraco e quase inaudível. Esse atributo é a **intensidade sonora**, que está relacionada à quantidade de energia do som emitido.

A **altura** descreve quando os sons são graves e agudos. Dizemos que a voz da mulher é mais aguda ou alta, enquanto a voz dos homens é mais grave ou baixa.

Com os instrumentos musicais, essa classificação também se aplica: um bumbo, tambor grande, tem som grave e baixo, embora possa ser tocado com bastante energia, produzindo um som intenso, popularmente chamado de som alto.

Roda de batuques

A música pode ser extraída de objetos e materiais muito distintos. Podemos fazer sons rítmicos e musicais com quase tudo. Nesse campo, é preciso experimentar para descobrir. Vários sons podem ser feitos batucando em nosso próprio corpo, por exemplo. Se usarmos somente a palma das mãos, diversos sons serão produzidos, porque cada posição de mão produz um som diferente. E isso se intensifica ao modificarmos os movimentos, por exemplo, combinando mão aberta com fechada, batendo em cada lado das mãos etc. Veja alguns exemplos no quadro a seguir.

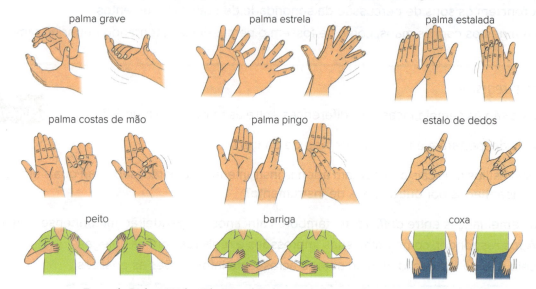

Fernando Barba e Núcleo Educacional Barbatuques. O corpo do som: experiências do Barbatuques. *Música na Educação Básica*, Brasília, p. 41, 2013. Disponível em: www.abemeducacaomusical.com.br/revista_musica/ed5/MEB%20Musica%205.pdf. Acesso em: 25 maio 2019.

1. Pratiquem juntos os movimentos de percussão com o corpo. Para começar, é preciso organizar uma roda. Sigam os passos descritos abaixo.
- Os participantes marcam a pulsação básica com a batida dos pés ou com palmas, de acordo com a orientação do primeiro organizador.
- Um a um, cada participante propõe um batuque corporal.
- Todos realizam seus batuques, formando uma sequência.
- Um a um, cada participante improvisa uma frase musical rítmica da forma que preferir (com outros batuques, com a voz, com batuques e voz).

Brincando e praticando desse modo, podemos perceber mais uma vez a combinação dos elementos que cada participante fez para compor **frases musicais**.

GLOSSÁRIO

Frase musical: componente de uma unidade de ritmo ou ritmo com melodia; geralmente é parte de uma composição maior.

APOIO

Barbatuques: www.barbatuques.com.br. Grupo brasileiro de percussão corporal. Procure conhecer a música dos artistas que compõem a trupe e ver como funcionam os batuques corporais desenvolvidos por eles.
Stomp: www.youtube.com/user/StompNY/videos. O Stomp, grupo performático de Nova York, usa elementos não convencionais para deles extrair sons e fazer música.

ETAPA 2 FAZENDO ACONTECER

Vamos aprofundar nosso conhecimento sobre História, sonoridades e instrumentos musicais desenvolvendo uma proposta investigativa e buscando suas metas. Em grupo, produziremos apresentações que unam os assuntos trabalhados até o momento.

1. Relembrem os temas estudados ao longo do projeto discutindo e destacando os assuntos mais importantes.
2. Conversem sobre a questão norteadora da seção **Direto ao ponto**.

> Ao investigar a história dos batuques, o que podemos descobrir sobre nossa própria cultura e nossa história?

Após a conversa, os grupos irão se organizar e decidir se vão narrar uma história com ritmos e batuque (proposta investigativa 1) ou se vão construir tambores para mostrar a diversidade cultural (proposta investigativa 2).

Tambor é qualquer instrumento de percussão que tem um tecido ou uma pele esticada sobre um corpo oco. O pandeiro é um tipo de "tambor de aro" em que a largura é maior que a profundidade, ou seja, um tambor mais fino.

Orientações gerais

Em grupo

Neste momento, você e os colegas devem se organizar em grupos. Cada grupo escolherá uma das propostas investigativas das páginas a seguir.

Reflitam sobre as propostas considerando se gostariam de explicar manifestações culturais ou desenvolver um trabalho que trate da relação entre texto e sonoridade ou que lide com a produção material dos instrumentos musicais.

PROPOSTA INVESTIGATIVA 1

BATUQUES NA HISTÓRIA

Metas
- Elaborar uma narrativa sobre o tema.
- Narrar a história utilizando sons e ritmos.

Primeira fase

Em grupo

1. Retomem as pesquisas a respeito de tambores e músicas de outras épocas, solicitadas na **Etapa 1**.
2. Leiam e comparem as pesquisas dos membros do grupo, solicitadas na página 33, com a organização da linha do tempo e dos fatos históricos relevantes para o tema.
3. Recuperem os registros sobre as histórias dos tambores em sua comunidade (solicitados na página 34) e suas pesquisas.
4. Organizem uma narrativa para falar sobre os usos, as transformações e as permanências dos batuques ao longo da história.
5. Esbocem uma linha do tempo para essa narrativa, explicitando marcos históricos, como os que foram explorados na página 33.
6. Combinem a divisão das tarefas de pesquisa de modo que abranjam toda a narrativa histórica que vocês vão produzir e contar.

Individualmente

7. Cada membro do grupo deve ampliar a pesquisa sobre um momento indicado na linha do tempo. Por exemplo, alguns podem voltar ao passado mais antigo e explorar a influência cultural dos muçulmanos na Península Ibérica, caso esse seja um tópico selecionado pelo grupo. Outros podem pesquisar a história do Carnaval no Brasil e em sua comunidade.

Segunda fase

Em grupo

De forma colaborativa, o grupo deve escolher um título para seu trabalho final e escrever um texto sobre permanências e transformações na história relacionadas aos tambores. Em sua linha do tempo, o grupo também poderá apontar os marcos da História do Brasil ou do mundo que conheça de outros estudos. A sugestão é que essa narração seja musicada e ritmada, ao modo dos griôs. Um componente do grupo pode usar um tambor.

1. Preparem um texto que será falado e ritmado ao som de palmas, do pandeiro ou do tambor. Pensem em aspectos como o tamanho das frases e a força das palavras. Estudem o texto a fim de examinar algumas qualidades dos sons para utilizar no projeto.

2. Façam leituras em voz alta para escutar o som do texto, marcando uma pulsação básica com os pés. Assim será possível escolher as palavras que serão faladas com mais ou menos intensidade, os momentos de apresentação solo dividindo entre os componentes do grupo, ou fazendo coro.

3. Façam exercícios de improvisação explorando as qualidades do som, com momentos de intensidade crescente ou decrescente, com variações de timbre e altura, fazendo batuques com a narração. Se for o caso, depois das improvisações, modifiquem o texto para chegar a uma forma final.

↑ Gravura de griô, ou contador de histórias, da África Medieval, 1904.

4. Considerem o ritmo ou as qualidades do som mais interessantes para cada passagem, procurando transmitir as emoções e os sentimentos que percebem no momento.

5. Façam alguns ensaios e convidem observadores externos; a presença deles pode ajudar a simular a apresentação final, além de enriquecer a construção da *performance*.

APOIO

Grãos de Luz e Griô – Eu griô. *Grãos de Luz*, 26min27. Disponível em: https://youtu.be/wkzCqAAPPvQ. Acesso em: 20 maio 2019. Nesse vídeo há vários exemplos de histórias contadas segundo a tradição griô com crianças de várias escolas e comunidades da cidade de Lençóis (BA). Procure na internet histórias contadas por griôs. Elas serão úteis como exemplos das práticas a serem feitas.

PROPOSTA INVESTIGATIVA 2

TAMBORES NA DIVERSIDADE CULTURAL

> **Metas**
> - Produzir tambores e explorar a sonoridade deles.
> - Mostrar a diversidade cultural brasileira por meio dos tambores.

Primeira fase

Vamos identificar a diversidade cultural e a relação dos povos antigos e atuais com os tambores.

Em grupo

1. Voltando aos estudos da **Etapa 1**, o grupo deve escolher um ou mais instrumentos de percussão relevantes em nossa cultura para investigar: podem ser de origem árabe, europeia, africana, asiática ou indígena. Nessa fase, a pesquisa sobre cultura regional também pode ser aprofundada.
2. A respeito do instrumento escolhido, o grupo pesquisará lugar de origem, sonoridade, como foi introduzido na cultura brasileira e quando isso ocorreu.

Individualmente

3. Cada membro do grupo deve ampliar o conhecimento musical, cultural e histórico sobre o instrumento de percussão escolhido. Alguns podem voltar a momentos mais antigos. Outros podem, por exemplo, explorar o uso desse instrumento no Carnaval, no samba atual, no pagode e em outros ritmos. Conte essa história relacionando-a a outros fatos importantes da História do Brasil.
4. Recupere os registros sobre as histórias dos tambores em sua comunidade (solicitados na página 34) e suas pesquisas.

Segunda fase

Chegou o momento de produzir seu tambor para usá-lo na apresentação. O grupo já escolheu o nome de seu trabalho final?

Produção de tambores

Em todos os tambores há membranas, peles ou tecidos que vibram. Por isso, eles são chamados membranofones. As dimensões de largura e altura do corpo (em atabaques e outros tambores com caixa) ou as dimensões dos aros (para pandeiros) podem variar.

Material:

- fita adesiva larga (para a pele do tambor);
- qualquer moldura vazada, por exemplo, aro de bicicleta, aro de bordado ou aro de tela de pintura (para o corpo de um tambor de aro, como o pandeiro ou o *duff*);
- baldes, embalagens de plástico, tubos de PVC (para o corpo do tambor com caixa de ressonância).

Procedimento

1. Estique várias faixas de fita adesiva cruzando de um lado a outro o aro ou a área que formará a membrana. Lembre-se: as faixas precisam ficar esticadas ao máximo para se obter um bom som.
2. Para melhor fixação da membrana, passe fita-crepe ao redor do aro.

A sonoridade específica do instrumento depende do material de que for feito e de suas dimensões. Você poderá decorar seu tambor de várias formas.

Nos instrumentos de percussão, quanto menor a área da membrana, do tecido ou da pele do tambor, mais aguda a sonoridade. A caixa do tambor, ou seja, a altura, tem justamente a função de ampliar a intensidade do som.

↑ Surdo (à esquerda) e pandeiro (à direita). Instrumentos de percussão com membranas em tamanhos diversos produzem sons graves ou agudos.

Em grupo

3. Procurem ouvir os sons dos instrumentos mais graves e mais agudos produzidos pelos membros do grupo, notando se a membrana tem uma área maior ou menor. Anotem as impressões que tiveram sobre cada instrumento.

4. É hora de organizar uma roda de histórias e sons. Escrevam um texto para reunir as pesquisas individuais da primeira fase. Destaquem informações sobre a diversidade cultural brasileira. Esse texto poderá ser falado por um narrador ou por vários, conforme vocês se organizarem. Façam ritmos de acordo com os momentos do texto. Se possível, mostrem os ritmos pesquisados.

APOIO

Tambores com sucata: escreva essa expressão em uma página de busca na internet. Vários *sites* apresentam sugestões de tambores feitos com materiais recicláveis.

Biblioteca de ritmos: contém muitos vídeos, informações históricas e atuais sobre ritmos afro-brasileiros. Disponível em: https://www.bibliotecaderitmos.com.br/a-biblioteca/. Acesso em: 4 jun. 2019.

ETAPA 3 RESPEITÁVEL PÚBLICO

É chegada a hora de finalizar as propostas investigativas feitas pelos grupos e comunicá-las a um público mais amplo. Todas elas se relacionam ao tema geral do projeto e à questão do quadro **Direto ao ponto** (página 25).

Os produtos finais são momentos de troca e de compartilhamento, entre os alunos, do que foi aprendido durante o processo. É justamente a participação de cada aluno nas apresentações de todos os grupos que possibilita compreender o tema do projeto de forma mais ampla.

Ao longo deste projeto, as investigações sobre História e Música tiveram o objetivo de promover um entendimento mais amplo sobre nossa cultura, sua identidade e diversidade.

> **Produto final**
> - Apresentações para a comunidade. Os grupos se apresentam, contam suas histórias e mostram seus tambores e ritmos.
> - Vocês podem combinar as descobertas e aprendizagens fazendo improvisações musicais junto com as narrativas para enriquecê-las com os sons diversificados de tambores e pandeiros.

BALANÇO FINAL

Avaliação coletiva

Em uma aula com os professores de Arte e História, todos vocês conversarão sobre o desenvolvimento da proposta escolhida. Inicialmente, organizem uma conversa coletiva para debater as seguintes questões:

- O que aprendemos com este estudo?
- Conhecemos alguma informação ou fato novo sobre o assunto?
- O que foi mais interessante no projeto?

Reunindo as fichas individuais de participação, procederemos à autoavaliação e à avaliação do projeto.

Avaliação individual

Conclua a avaliação feita ao longo do projeto.

Alunos do Grupo Batuque Reciclado. Araruama (RJ).

As manifestações culturais fazem parte da riqueza imaterial de qualquer sociedade. Elas guardam e expressam as trajetórias históricas da nação e contam muito de nosso estilo de vida. Mas uma tradição somente sobrevive se for transmitida para as novas gerações. Por isso é tão importante estudar nossa cultura, praticá-la e passá-la adiante.

43

PROJETO 3

Resíduos sólidos: somando saberes em busca de solução

Em todos os lugares, especialmente nas grandes cidades, é gerada diariamente enorme quantidade de resíduos. Materiais e objetos que em algum momento foram importantes em nosso cotidiano são descartados quando perdem valor. Todo descarte, por sua vez, precisa receber um fim adequado. Descuidar dos resíduos traz consequências negativas para o ambiente, para a saúde e até para as finanças.

Informações sobre resíduos sólidos são divulgadas constantemente nos meios de comunicação, geralmente com dados numéricos, gráficos e estatísticas. Para ler e interpretar essas informações adequadamente, é necessário compreender o que significam. É importante analisar corretamente o conteúdo publicado em jornais, livros, revistas etc. e se posicionar criticamente.

Há diversas questões sociais e políticas relacionadas a problemas ambientais – como a destinação correta de resíduos sólidos – e nós, cidadãos, precisamos estar alertas e participar das discussões para solucioná-los.

 DE OLHO NO TEMA

A fotografia a seguir é de uma obra de arte feita com resíduos, popularmente chamados de lixo. *Atalanta e Hipomenes* foi criada em 2005 pelo artista plástico brasileiro Vik Muniz com o auxílio dos catadores que trabalhavam em um dos maiores aterros sanitários do mundo, no Jardim Gramacho, município de Duque de Caxias (RJ). Atualmente, o aterro está desativado.

- Vik Muniz transformou materiais descartados em arte. Que mensagens essa atitude transmite?
- Por que grandes quantidades de resíduos se acumulam em todo o mundo?

DIRETO AO PONTO

Como a Matemática e as Ciências Naturais nos ajudam a enfrentar o problema ambiental causado pelos resíduos sólidos?

JUSTIFICATIVAS

- Para compreender e avaliar algumas situações que envolvem resíduos sólidos e se posicionar a respeito do assunto, necessitamos de argumentos precisos. A Matemática e as Ciências Naturais nos ajudam a entender esse grave problema, cada vez mais recorrente, e ao mesmo tempo colaboram para ampliar nossa consciência ambiental.

OBJETIVOS

- Criar e interpretar dados numéricos e informações gráficas de maneira mais precisa.
- Elaborar argumentos com base em informações numéricas e científicas.
- Colaborar em ações para redução da geração de lixo em casa, na escola e na comunidade.

QUAL É O PLANO?

Etapa 1 – Explorando o assunto

- Interpretação de dados numéricos
- Tecnologia e novos materiais: soluções e problemas
- Para onde vão os resíduos?

Etapa 2 – Fazendo acontecer

- **Proposta investigativa 1** – Pesquisa da produção do lixo doméstico
- **Proposta investigativa 2** – Conhecer a composição dos resíduos sólidos brasileiros
- **Proposta investigativa 3** – Diminuição dos resíduos: reúso de materiais e objetos

Etapa 3 – Respeitável público

- Organização e seleção dos conhecimentos adquiridos
- Preparação e apresentação dos produtos finais

Balanço final

- Avaliação individual e coletiva

Avaliação continuada: Vamos conversar sobre isso?

→ Catadora de recicláveis trabalha em Chongqing, China.

ETAPA 1 — EXPLORANDO O ASSUNTO

Interpretando dados numéricos

Nosso cotidiano é ordenado pelos números. A disponibilidade de transporte público, a quantidade de escolas e professores, os valores e reajustes de salário, a distribuição de serviços de saúde e a destinação dos resíduos sólidos, entre tantas outras decisões tomadas por governos ou instituições, analisam dados numéricos. Os investimentos devem ser feitos com base em levantamento de informações para que não haja desperdício e os recursos sejam empregados racionalmente.

Portanto, é fundamental que a população saiba interpretar dados numéricos para acompanhar as questões prioritárias de nossa sociedade e opinar a respeito delas. Uma dessas questões é o tema dos resíduos sólidos, produzidos aos bilhões de toneladas todos os anos. Para começar o estudo de interpretação de dados do assunto, leia a matéria jornalística a seguir.

Texto 1

Produção de lixo no Brasil é cinco vezes maior que o crescimento populacional

Com o fim das férias escolares, o fluxo de viagens diminui, mas a alta temporada no litoral brasileiro e demais pontos turísticos vai até o fim do verão.

Os trabalhos de limpeza desses locais começaram junto com o movimento e já nos primeiros 13 dias da temporada, a empresa Sanepar (Companhia de Saneamento do Paraná), responsável pela limpeza das praias do estado, já havia retirado 290 toneladas de resíduos dos 61 km de faixa de areia do litoral.

Ou seja, a cada 1 km de areia, 360 kg de lixo são coletados por dia. Nas praias de Vila Velha (ES) são recolhidas 1 350 toneladas de resíduo por mês, uma média de 45 toneladas por dia durante a temporada. [...]

[...] de 2003 a 2014 a geração de lixo no Brasil apresentou um aumento de 29%, segundo o levantamento divulgado pela Associação Brasileira de Empresas de Limpeza Pública e Resíduos Especiais (Abrelpe). A taxa é cinco vezes maior que o crescimento populacional no período [no país], que foi de 6%.

[...] O Plano Nacional de Resíduos Sólidos entrou em vigor no final de 2014 para incentivar a reciclagem do lixo no país, mas até o ano passado, oito em cada dez municípios ainda não possuíam **coleta seletiva** e os que tinham poderiam reciclar mais.

[...] O destino final do lixo é um dos agravantes da degradação do meio ambiente. Não há como não produzir lixo, mas é possível reduzir a sua produção e reutilizá-lo. A conscientização da população é um fator importante para que as políticas ambientais tenham sucesso.

> **GLOSSÁRIO**
> **Coleta seletiva**: processo de coleta de resíduos previamente separados em seu local de origem, para posterior reciclagem.

Camila Valente, Giovanna Cornelio e Laís Bianquini. Produção de lixo no Brasil é cinco vezes maior que o crescimento populacional. *Jornalismo Especializado*, 22 fev. 2016. Disponível em: https://jornalismoespecializadounesp.wordpress.com/2016/02/22/producao-de-lixo-no-brasil-e-cinco-vezes-maior-que-o-crescimento-populacional. Acesso em: 18 mar. 2019.

↑ Lixo descartado em praia na Ilha do Governador (RJ).

> **Texto 2**

De acordo com a legislação brasileira, os municípios são responsáveis pelas ações de saneamento básico: oferta de água tratada, coleta e tratamento de esgoto e de resíduos sólidos. Veja, no gráfico abaixo, dados de municípios do Brasil em que há coleta seletiva.

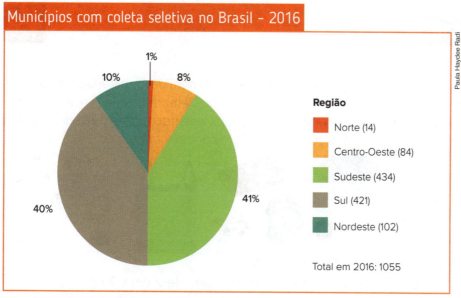

Fonte: Cempre. Pesquisa Ciclosoft 2016. Disponível em: http://cempre.org.br/ciclosoft/id/8. Acesso em: 25 maio 2019.

GLOSSÁRIO

Consumo sustentável: maneira responsável de adquirir e usar produtos, com o objetivo de gastar menos recursos e gerar menos resíduos. É uma atitude de compromisso com a sustentabilidade, que visa preservar o meio ambiente para as gerações futuras.

A Política Nacional de Resíduos Sólidos criada pela Lei nº 12.305, de 2010, e regulamentada pelo Decreto nº 7.404, de 2010, instituiu o Plano Nacional de Resíduos Sólidos, cujo prazo de vigência é indeterminado, com perspectiva de vinte anos e atualização a cada quatro anos.

Esse plano propõe a prevenção e redução de geração de resíduos pela adoção de hábitos de **consumo sustentável** e um conjunto de instrumentos para ampliação da reciclagem, reutilização dos resíduos e destinação ambientalmente adequada dos rejeitos.

 **VAMOS APROFUNDAR**

1. Ao reler o **Texto 1**, escolha uma informação numérica sobre a situação do lixo no Brasil que chame sua atenção.

2. Com a ajuda dos colegas, compare o título do **Texto 1** com outros dados do quarto parágrafo dele. O título está correto após a análise dos dados matemáticos?

3. Vamos analisar o gráfico e os dados do **Texto 2**. Qual é a relação entre os valores do gráfico e os valores da legenda?

4. De acordo com os dados do gráfico do **Texto 2**, em quais regiões a coleta seletiva de resíduos é praticada mais intensamente? Justifique sua resposta.

5. Sabendo que no Brasil há 5 570 municípios e pela análise dos dados do **Texto 2**, é correto afirmar que a porcentagem dos municípios brasileiros com coleta seletiva ainda é bem pequena? Justifique sua opinião com dados numéricos.

Tecnologia e novos materiais: soluções e problemas

Todos os dias, descartamos materiais orgânicos (como restos de comida) e materiais inorgânicos (plástico, vidro, metal e outros) em sacos plásticos. Mas raramente nos lembramos do processo de decomposição dos resíduos. A proposta aqui é preparar um modelo, imitando um aterro sanitário, para observar mais de perto o que acontece com esses materiais em contato com o solo.

Material:

- 1 recipiente de vidro ou 1 pequeno aquário;
- plástico para cobrir o recipiente;
- palito para churrasco;
- amostra de solo suficiente para preencher o recipiente;
- pequenas amostras de vários materiais com tamanho aproximado de 2 cm × 2 cm. Assegure-se de usar **materiais sintéticos**, como: tecido sintético (elastano, viscose, poliéster), sacola plástica, isopor, fio dental, pedaço de fita adesiva; e **materiais naturais**, como: tecidos de algodão 100% (chita, fralda de pano), papel fino e grosso, pedaços pequenos de fruta, folha de verdura, fatia de tomate e cascas de legumes ou frutas. Utilize também **materiais metálicos**, como: papel-alumínio, prego, parafuso, palha de aço, lacre de lata de alumínio e algum **resíduo de construção**, como pedrisco e pedaço de tijolo.

Procedimento

1. Façam uma montagem semelhante à da imagem a seguir. Coloquem a amostra de solo aos poucos no recipiente e acrescentem as amostras de resíduos, um pouco afastadas umas das outras e próximas à parede de vidro, para que fiquem visíveis e vocês possam acompanhar o processo durante o projeto.

2. Elaborem hipóteses: Que materiais vão se decompor mais rapidamente? Há algum material que não sofrerá nenhuma transformação? Escrevam-nas assim que a montagem estiver finalizada.

3. Umedeçam o solo a cada dois ou três dias (não o encharquem). Mantenham a montagem na sombra para conservar a terra úmida.

4. Observem o pote uma ou duas vezes por semana, durante trinta a quarenta dias, e comparem a aparência dos vários materiais.

Modelo de como os materiais devem ficar dentro do vidro.

5. Registrem suas observações, organizem um quadro como o modelo a seguir e completem-no comparando a transformação de todos os materiais no período observado.

Materiais	Transformação rápida	Transformação lenta	Não ocorreu transformação no período observado

> *Reflita e registre*
>
> 1. Que materiais se decompõem rapidamente? Em quais a decomposição é mais lenta? Suas suposições foram confirmadas?
> 2. Descreva a transformação das amostras orgânicas.

Como os materiais orgânicos se transformam?

Na natureza, os restos de animais, plantas e outros seres vivos são naturalmente transformados. Por exemplo, as folhas, os galhos e os frutos que caem no chão vão se desfazendo e se misturando ao solo para formar húmus. Esse processo é feito por seres vivos microscópicos (alguns fungos e bactérias) que vivem no solo e é chamado de **biodegradação** ou **decomposição** por seres vivos.

O tempo de biodegradação pode variar, pois depende do tipo de solo, da umidade, do calor, dos fungos e bactérias presentes, além do próprio material a ser decomposto. Os materiais propensos à decomposição são orgânicos, originados de um organismo vivo. Eles são chamados de **biodegradáveis**.

Enquanto outros materiais demoram mais tempo, os biodegradáveis são decompostos em um período de até um ano. Eles se incorporam ao húmus e as árvores e outras plantas os utilizam para se desenvolver. Esse ciclo de aproveitamento natural dos materiais ajuda a manter sustentável, por exemplo, todo o ecossistema de uma floresta.

Com um tratamento especial, é possível reaproveitar resíduos sólidos orgânicos do lixo doméstico e transformá-los em adubo. Nesse processo, os restos de comida são separados dos outros materiais e colocados em local protegido da chuva e do vento em camadas de resíduos alternadas com camadas de serragem. Esse processo é chamado de **compostagem**.

Na **fase 1**, a caixa contém terra com minhocas e recebe camadas sucessivas de resíduos orgânicos e serragem até ficar cheia.
Na **fase 2**, quando a caixa está cheia, ela desce para o 2º andar e as minhocas fazem a digestão dos resíduos orgânicos. No fim da decomposição, essa terra, rica em nutrientes, pode voltar para a **fase 1** para receber mais resíduos. O líquido resultante da decomposição, chamado **chorume**, decantará na **fase 3**. Ele é rico em nutrientes e pode servir de adubo e pesticida.

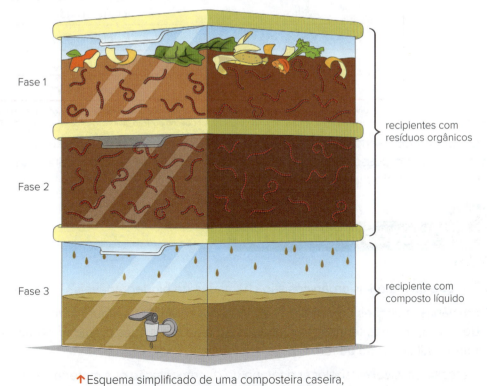

↑ Esquema simplificado de uma composteira caseira, formada por três caixas plásticas (fases).

49

Quanto tempo leva para os materiais se decomporem?

Diversos materiais que descartamos diariamente são denominados de persistentes e considerados poluentes, pois permanecem longos períodos no ambiente sem se degradar. Eles demoram muito para se desintegrar em pedaços menores ou se transformar em outros materiais.

Muitas pessoas acreditam, erroneamente, que a capacidade natural de os ambientes absorverem os resíduos sólidos descartados é quase infinita. Há quem duvide que uma garrafa de plástico ou uma fralda descartável demore até 500 anos para se desfazer no ambiente, ou que uma garrafa de vidro demore mil anos ou mais para se desfazer na água ou no solo.

Lamentavelmente, não há exagero nesses dados. A capacidade de o ambiente transformar certos materiais é limitada e já somos mais de 7 bilhões de pessoas produzindo resíduos sólidos, que são depositados no planeta todos os dias.

Veja a seguir um quadro com o tempo médio de decomposição de alguns materiais. Ele apresenta valores aproximados e estimativas com base em pesquisas, mas não são valores absolutos, pois diversos fatores influenciam esse processo, como umidade, variação de temperatura e de luz.

Tempo de decomposição de materiais na natureza	
Materiais	Tempo de decomposição
papel e papelão	de 3 a 6 meses
madeira	6 meses
plástico	até 450 anos
metal	cerca de 450 anos
pilhas	até 500 anos
CD	até 800 anos
vidro	indeterminado
isopor	indeterminado
borracha	indeterminado
óleos	indeterminado

Fonte: Universidade Federal de Santa Catarina (UFSC). *Anexo 2: Tempo de decomposição dos materiais na natureza*. Disponível em: http://portal.ctc.ufsc.br/decomposicao_materiais/. Acesso em: 18 mar. 2019.

O tempo necessário para a transformação de certos materiais é tão longo que ultrapassa o período de vida das pessoas que os utilizaram e de muitos de seus descendentes. Para alguns deles, esse tempo é indeterminado.

1. Por que os materiais orgânicos são chamados de biodegradáveis?
2. Em várias situações do cotidiano, quando nos referimos a algum acontecimento do passado ou do futuro, usamos termos relacionados ao tempo e a suas medidas. Quais são as unidades de tempo utilizadas no quadro?
3. Se fosse possível estabelecer o tempo de decomposição dos materiais apresentados no quadro com tempo "indeterminado", eles seriam definidos em meses ou anos? Por quê?

Materiais sintéticos

Descobrir e transformar materiais faz parte do desenvolvimento da humanidade. Ainda na Pré-História, os humanos começaram a utilizar recursos naturais como madeira, barro, rochas, osso, couro etc. Nossos ancestrais usavam ouro, prata e cobre para fabricar utensílios e joias. A produção de ferro, extraído dos minérios usando-se fogo, representou grande avanço na transformação dos elementos retirados da natureza.

Recentemente deu-se outro salto em relação ao uso dos recursos naturais, quando foram desenvolvidas várias aplicações para o petróleo e se iniciou, então, a exploração sistemática e crescente dele até os dias atuais.

A partir do século XX, a indústria petroquímica passou a desenvolver materiais para os mais diversos usos e aplicações, todos derivados de petróleo e chamados **materiais sintéticos**: plásticos, tintas, detergentes, fibras de tecido, espumas (como isopor), borrachas (como pneu e chiclete), fertilizantes e defensivos agrícolas, cosméticos, entre outros.

A popularização dos materiais sintéticos aconteceu devido a alguns fatores: contínua pesquisa e desenvolvimento de produtos e tecnologias, baixo custo unitário dos produtos (normalmente inferior ao do material natural) e durabilidade. Mas é exatamente por causa de sua durabilidade que eles permanecem no ambiente por muitos anos.

Tudo isso é agravado se considerarmos que muitos desses objetos são descartados diariamente, como garrafas de água e sacolas plásticas. Isso significa que o petróleo, que demorou milhões de anos para se formar, em pouquíssimo tempo se torna resíduo sólido.

O vidro é outro material sintético – fabricado do silício, substância abundante encontrada na areia – que permanece no ambiente por tantos anos que ninguém ainda conseguiu determinar essa duração. Os sintéticos, como o vidro e os produtos derivados do petróleo, embora tenham origem em materiais da natureza, são compostos obtidos por meio de transformações químicas.

> **GLOSSÁRIO**
>
> **Material sintético**: material que não é encontrado na natureza, criado por meio de pesquisa científica e tecnológica, como plástico, náilon, isopor etc.

↑ Tanto o chiclete como o boneco são fabricados com materiais sintéticos derivados do petróleo.

1. Que resíduos seriam gerados por um grupo de amigos em um piquenique na praia? Para complicar um pouco, imaginem essa situação em duas épocas: antes de os plásticos se tornarem populares; e atualmente, em que há muitos produtos sintéticos populares e baratos.

   Uma parte da turma fará uma lista dos resíduos do item **a** e a outra, a lista dos resíduos do item **b**. Descrevam os materiais e objetos em cada caso: embalagens de comidas e bebidas, copos, talheres. Comparem os resultados dos dois grupos e identifiquem as mudanças ocorridas, tanto na quantidade quanto na variedade de materiais nas duas situações.

2. Como podemos convencer as pessoas com as quais convivemos a reduzir a produção e o descarte de resíduos sólidos? Considerem: dar bom exemplo; montar uma composteira doméstica; usar e divulgar pontos de coleta de materiais eletrônicos etc. Aproveitem seus conhecimentos até o momento.

Para onde vão os resíduos?

Observem atentamente a imagem a seguir. Verifiquem os destinos possíveis para o lixo produzido em uma localidade.

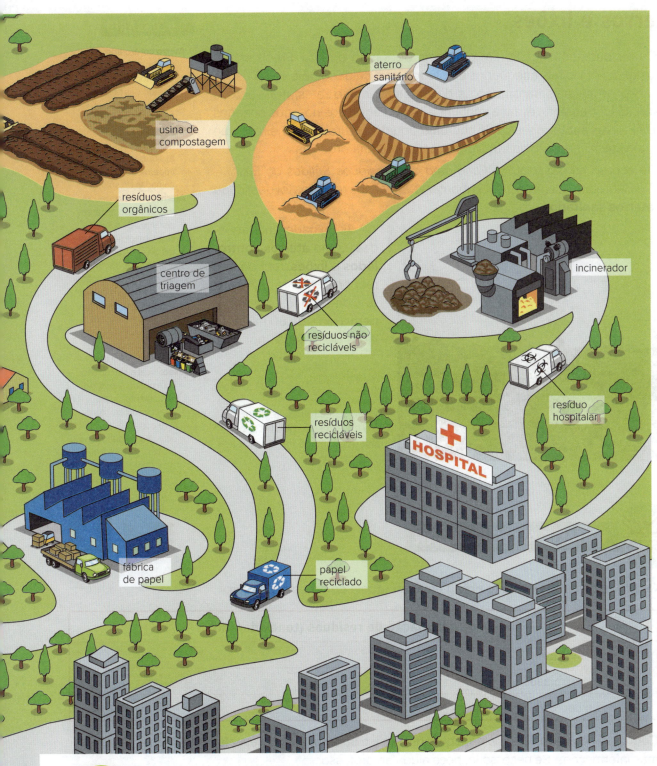

 **PENSANDO JUNTOS**

1. De acordo com os tipos de material, quais são os possíveis destinos dos resíduos sólidos mostrados na imagem?

2. O que ocorre nas usinas de compostagem? E nas indústrias que recebem materiais recicláveis?

Aterros e lixões

Os resíduos sólidos são um problema de saúde pública. Precisam ser depositados em locais adequados e tratados com cuidado para evitar a multiplicação de animais transmissores de doenças, como ratos, mosquitos e moscas. É fundamental evitar a contaminação da água dos rios, dos oceanos e das reservas subterrâneas pelo chorume, líquido escuro e malcheiroso que se forma, inicialmente, pela transformação da matéria orgânica.

De acordo com o relatório *Panorama dos Resíduos Sólidos do Brasil – 2017*, da Abrelpe, apenas 59,1% do montante anual dos resíduos foi destinado aos **aterros sanitários**.

As unidades inadequadas, como **aterros controlados** e **lixões**, receberam, respectivamente, 22,9% e 18% deles, que correspondem a mais de 80 mil toneladas de resíduos por dia.

> **GLOSSÁRIO**
>
> **Aterro controlado**: nesse contexto, é um lixão coberto por terra e isolado das pessoas, o que dá ao local algum tipo de controle, mas nele não se seguem as normas ambientais brasileiras, como impermeabilização de camadas do solo.
>
> **Aterro sanitário**: depósito construído em áreas distantes de residências e mananciais (fontes de água potável). É dotado de sistema de impermeabilização em sua base, o que impede o vazamento de chorume para as águas subterrâneas. É o único sistema de descarte adequado.
>
> **Lixão:** local a céu aberto, sem nenhum controle ambiental ou tratamento do lixo, com livre acesso. É a pior situação de deposição de lixo.

O Lixão da Estrutural, fechado no início de 2018, chegou a ser o maior depósito de lixo da América Latina. Brasília (DF).

1. Organize os dados do texto acima em uma tabela como esta a seguir.

Índice de destinação de resíduos (tonelada/ano)	
Aterros sanitários	
Aterros controlados	
Lixões	

2. Com base nos dados da tabela, elabore um gráfico de setor para apresentar visualmente essas mesmas informações. Se necessário, peça ajuda ao professor.

  a) Utilize instrumentos de desenho: transferidor, compasso, régua, canetas hidrográficas coloridas ou lápis de cor. Desenhe um círculo e delimite as áreas do setor indicando os ângulos centrais correspondentes. Estabeleça proporcionalidade direta entre as porcentagens de cada caso e as medidas dos ângulos centrais.

  b) Lembre-se de incluir título, legenda e a fonte dos dados de seu gráfico.

> Uma alternativa é a elaboração de gráficos usando *softwares* de computador. Caso haja na escola uma sala de informática ou computadores na própria sala de aula, peça orientação ao professor para executar a tarefa.

ETAPA 2 FAZENDO ACONTECER

Reflita a respeito da questão norteadora da seção **Direto ao ponto** e verifique o que já aprendeu até aqui.

> Como a Matemática e as Ciências Naturais nos ajudam a enfrentar o problema ambiental dos resíduos sólidos?

Orientações gerais

Em grupo

Cada grupo deve escolher uma das propostas investigativas. Depois, comente com os colegas de seu grupo as orientações dadas, de modo que todos entendam corretamente o que se pede. Ao final, elaborem uma síntese e discutam os resultados.

PROPOSTA INVESTIGATIVA 1
PESQUISA DA PRODUÇÃO DO LIXO DOMÉSTICO

Meta

Coletar dados sobre o lixo doméstico da casa de cada um, organizá-los e interpretar as informações obtidas.

Qual é a quantidade de resíduos sólidos produzida em sua casa? É grande ou pequena?

Podemos investigar isso ao medir a quantidade e comparar os resultados com as médias nacionais.

> **GLOSSÁRIO**
>
> **Pesar:** quando "pesamos" algo, na verdade medimos a massa do objeto ou da pessoa. **Massa** é a quantidade de matéria de um corpo. **Peso** é a força resultante da atração da gravidade sobre a massa de um corpo. As balanças que utilizamos normalmente estão reguladas para aferir apenas a massa.

Primeira fase

Individual

1. Em casa, use uma balança e "**pese**" todos os sacos com resíduos sólidos da cozinha e de outros cômodos (exceto os de banheiro) todos os dias, durante três ou mais dias. Certifique-se de que estejam bem fechados.
2. Anote os valores encontrados na medição.

Em grupo

3. Calculem a média diária da massa do lixo da casa de cada um. Confiram com os colegas e com o professor de Matemática como obter a média.
4. Respondam: Por que é importante "pesar" o lixo de cada casa por, pelo menos, três dias?

 ATENÇÃO!

Use luvas ou saquinhos plásticos para cobrir as mãos e manter a higiene durante o procedimento. Lave as mãos ao concluir a medição.

Segunda fase

Em grupo

Após as coletas individuais, organizem os dados para apresentá-los em tabelas.

1. Interpretem os dados coletados com base nas informações e nas questões a seguir.

   a) Cada brasileiro produz, **em média**, 1,035 quilograma de resíduos por dia, segundo a Abrelpe. Quantos alunos do grupo produzem quantidades de resíduos sólidos maiores do que a média do brasileiro? E menores? Há alguma residência com média igual?

   b) A "média" de cada brasileiro significa que todas as pessoas do país produzem a mesma quantidade de lixo?

2. Agora, façam o que se pede abaixo.

   a) Calculem a taxa percentual de colegas que produzem quantidades de lixo maiores, menores ou iguais à média de cada brasileiro.

   b) Organizem uma síntese dos resultados em um quadro como o modelo a seguir.

Comparação da produção de lixo doméstico entre a média dos brasileiros e os alunos do 7º ano		
Porcentagem de alunos que produzem quantidades de lixo	iguais à média	
	menores do que a média	
	maiores do que a média	

   c) Elaborem um gráfico para apresentar os dados. Que tipo de gráfico pode ser usado para melhor apresentá-los? Combinem entre si a melhor opção.

3. Agora que a turma pesquisou a produção de lixo em casa, podemos expandir a proposta e investigar os problemas e soluções referentes à produção de resíduos na escola.

   a) Entrevistem funcionários encarregados da limpeza para saber, por exemplo, quantas vezes por semana é feita a coleta de lixo, se a escola promove a coleta seletiva e quais soluções foram encontradas para diminuir a quantidade de lixo produzido.

   b) Façam uma caminhada de observação pela escola. Visitem salas de aula, a sala dos professores, salas do setor administrativo, quadras de esportes, a calçada em frente à entrada da escola e o quarteirão em volta dela. Anotem e registrem, por meio de fotografias ou vídeos, todos os problemas observados relacionados ao lixo, por exemplo: se há recipientes de lixo suficientes na escola, se os resíduos são separados entre recicláveis e não recicláveis, de que forma é feita essa separação e o respectivo descarte, entre outros que encontrarem.

↑ Cestos de coleta de lixo reciclável em pátio escolar. São Caetano do Sul (SP).

↑ Lixo acumulado em escola. São Paulo (SP).

PROPOSTA INVESTIGATIVA 2

CONHECER A COMPOSIÇÃO DOS RESÍDUOS SÓLIDOS BRASILEIROS

> **Meta**
> Analisar os materiais recicláveis na composição dos resíduos sólidos dos brasileiros.

No lixo descartado todos os dias, há muito material que pode ser reciclado. Os materiais recicláveis representam que porcentagem do total de resíduos sólidos? Vamos investigar essa questão.

Primeira fase
Individual

1. Analise a tabela, a seguir, sobre a composição dos resíduos sólidos brasileiros.

Resíduos descartados no Brasil (1994-2008)	
Tipos de resíduo	**Porcentagem**
matéria orgânica	57,41%
plástico	16,49%
papel e papelão	13,16%
vidro	2,34%
material ferroso	1,56%
alumínio	0,51%
outros inertes	0,46%
outros materiais	8,1%

Fonte: Ipea. *Diagnóstico dos Resíduos Sólidos Urbanos*. Disponível em: www.ipea.gov.br/portal/images/stories/PDFs/relatoriopesquisa/121009_relatorio_residuos_solidos_urbanos.pdf. Acesso em: 18 mar. 2019.

2. Represente em dois gráficos, um de coluna e outro de setores, os dados da composição dos resíduos sólidos brasileiros.

> **! ATENÇÃO!**
>
> Ao elaborar o gráfico de colunas ou de barras, use régua ou esquadro para desenhar os retângulos, de modo que os comprimentos sejam proporcionais às quantidades que deseja representar.

3. Respondam às questões a seguir.

   a) Vocês consideram importante a reciclagem de materiais?
   b) O que vocês têm feito em relação a isso?

Perguntas como essas foram feitas em uma pesquisa chamada "Percepção da sociedade sobre resíduos e reciclagem", apresentada no relatório da Abrelpe de 2017, já explorado na **Etapa 1**. Examine os resultados da pesquisa a seguir.

GLOSSÁRIO

Material ferroso: ferro e ligas metálicas, como o aço, que contêm ferro e outros elementos químicos específicos.

Outros inertes: resíduos que não são nem solúveis nem inflamáveis; não sofrem transformação química. Na tabela, refere-se ao entulho de construção, pedra e areia.

Resultados da pesquisa	
Conhecem embalagens retornáveis de vidro	28%
Sabem que garrafas PET podem ser recicladas	40%
Afirmam que desconhecem a coleta seletiva do município	44%
Sabem que alumínio é reciclável	47%
Sabem que papel é reciclável	50%
Sabem que o vidro é reciclável	64%
Sabem que plástico é reciclável	77%
Enxergam a reciclagem como importante no futuro	94%
Não separam seus resíduos em casa	75%

Fonte: Abrelpe. *Panorama dos Resíduos Sólidos no Brasil 2017*. Disponível em: https://belasites.com.br/clientes/abrelpe/site/wp-content/uploads/2018/09/SITE_grappa_panoramaAbrelpe_ago_v4.pdf. Acesso em: 25 maio 2019.

4. Com base nas respostas dadas à questão 3 e no conhecimento adquirido até aqui, vocês fariam parte de quais itens e porcentagens apresentados?

5. Leiam um trecho da pesquisa e respondam às questões.

Os dados mostram que 98% das pessoas enxergam a reciclagem como algo importante para o futuro do país e 94% concordam que a forma correta de descartar os resíduos é separando materiais que podem ser reciclados. Por outro lado, essa percepção não se reflete no comportamento: 75% revelaram não separar seus resíduos em casa, e uma das possíveis razões que levam a isso é a falta de informação, já que 66% dos entrevistados afirmaram saber pouco ou nada a respeito de coleta seletiva.

Abrelpe. *Panorama dos resíduos sólidos no Brasil 2017*. Disponível em: https://belasites.com.br/clientes/abrelpe/site/wp-content/uploads/2018/09/SITE_grappa_panoramaAbrelpe_ago_v4.pdf. Acesso em: 18 mar. 2019.

a) Qual é a opinião de vocês sobre os resultados da pesquisa?

b) Retomem as respostas da questão 3. Como vocês se autoavaliam?

Segunda fase

Em grupo

1. Comparem a tabela e os gráficos produzidos na **Primeira fase** e discutam: Que representação possibilita melhor visualização dos dados sobre o assunto?

2. Comentem os gráficos e indiquem o que pode ser observado sobre a proporção dos materiais na composição dos resíduos sólidos. Que material aparece em maior proporção?

3. Quais atitudes favorecem o aproveitamento dos resíduos produzidos?

4. Planejem a síntese da proposta em grupo para mostrar a proporção de material que pode ser útil para reciclagem ou outra finalidade, antes de seguir para os aterros.

ATITUDE LEGAL

Colabore com os catadores de resíduos recicláveis. Separe os materiais recicláveis dos resíduos orgânicos. O trabalho do catador é um dos mais importantes para a reciclagem de resíduos.

Atualmente, os catadores têm se organizado para conseguir melhores condições no exercício da atividade e obter ganhos mais justos.

PROPOSTA INVESTIGATIVA 3

DIMINUIÇÃO DOS RESÍDUOS: REÚSO DE MATERIAIS E OBJETOS

> **Metas**
> - Observar e avaliar a diversidade de materiais empregados em embalagens.
> - Descobrir e criar propostas para o reúso de embalagens.

Cerca de 40% dos resíduos domiciliares são embalagens. É possível aumentar a vida útil dos objetos e materiais antes de descartá-los? Vamos investigar essa questão.

Primeira fase

Individual

As embalagens dos produtos que consumimos são muito coloridas e têm formas geométricas variadas. Os fabricantes usam as embalagens para proteger seus produtos e torná-los atrativos para os consumidores.

Traga para a sala de aula embalagens de um ou mais produtos que você usa em seu cotidiano.

1. Examine detalhes da embalagem de acordo com o roteiro a seguir.

    a) A embalagem protege o produto ou pode ser considerada um exagero? Indique os excessos, se houver.

    b) A embalagem pode ser reaproveitada ou reutilizada? Ela poderia ser substituída por outra menor ou menos poluidora?

    c) A embalagem foi desenvolvida para atrair o consumidor na hora da compra? O produto seria igualmente adquirido caso a embalagem fosse mais simples e menos colorida?

    d) A embalagem traz informações e sugestões sobre seu descarte? A quem são dirigidas essas sugestões: ao consumidor, ao reciclador ou a ambos?

    e) Em um aterro, essa embalagem seria desintegrada facilmente com o passar do tempo?

2. Com base nas respostas anteriores, analise:

    a) É realmente necessário uma embalagem para esse produto?

    b) Para que é utilizado ou consumido? Ele é essencial ou supérfluo (desnecessário)?

3. Converse com adultos de seu convívio e pesquise em revistas, jornais ou em *sites* confiáveis informações sobre os temas a seguir.

    a) Formas de reúso de embalagens e outros materiais recicláveis.

    b) Embalagens retornáveis.

Em grupo

4. Comparem as embalagens analisadas individualmente.

    a) Quais são as formas das embalagens que o grupo recolheu? São todas parecidas?

    b) Escolham um critério para agrupar essas embalagens de acordo com a forma. Depois, registrem o critério usado.

    c) Escolham uma embalagem qualquer e observem-na atentamente. Além de imagens, nome do produto e dos dados de fabricação, as embalagens costumam exibir algumas informações numéricas. Identifiquem essas informações numéricas e interpretem seu significado.

d) Escolham algumas embalagens que lembram blocos retangulares. Meçam com uma régua o comprimento, a largura e a altura dessas embalagens. Depois, calculem o volume das caixas em centímetros cúbicos (cm³).

e) Avaliem a importância de amassar embalagens antes de jogá-las nos recipientes para lixo.

5. Concluam as observações indicando as vantagens e as desvantagens das embalagens observadas. Organizem as informações em um quadro: em uma coluna, escrevam as **Vantagens** e na outra, as **Desvantagens**.

APOIO

Embalagem sustentável: http://embalagemsustentavel.com.br/category/inovacao/. Nesse *site* há várias postagens sobre alternativas sustentáveis e reutilizáveis de diversas embalagens.

Segunda fase
Em grupo

1. Após as leituras e a conclusão das atividades, respondam: Vocês ficaram mais interessados em reusar materiais antes de descartá-los? Atitudes como essa ajudariam o país e o mundo? Por quê?

2. Discutam: Embora muita gente confunda as duas ações, por que **reúso** é diferente de **reciclagem** dos materiais?

3. Por que a embalagem retornável é mais sustentável que a embalagem descartável?

4. Utilizem informações da pesquisa individual para elaborar exemplos de reúso de materiais e objetos.

5. Planejem a apresentação de propostas de reúso de embalagens para mostrar à turma as conclusões do grupo. É importante mostrar graficamente como deve ser feito o reúso dos materiais e objetos. Vejam a seguir algumas dicas.

- Escolham embalagens que possam ser reutilizadas. Mostrem a todos como reaproveitá-las.
- Façam uma pequena exposição dos "novos" objetos produzidos. Ela deve ser acompanhada de um texto coletivo destacando objetos que lembram sólidos geométricos com a identificação do nome do sólido com o qual eles se parecem.
- Por fim, discutam uma forma de expor aos colegas da turma as conclusões do grupo: Como é possível economizar embalagens na comercialização de produtos? Vocês podem apresentar suas ideias em um cartaz, em uma apresentação de *slides* feita no computador e/ou divulgá-las em um *blog*. Pensem também em maneiras criativas de usar as embalagens que foram examinadas.

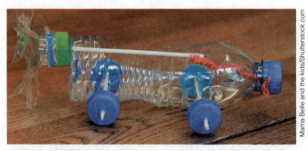
↑ Carro de brinquedo feito com garrafas PET.

↑ Horta feita com reaproveitamento de garrafas PET.

↑ Paredes de parada de ônibus feitas com garrafas plásticas.

↑ Cadeiras feitas de pneus de automóveis.

ETAPA 3 — RESPEITÁVEL PÚBLICO

É chegada a hora de finalizar as propostas investigativas feitas pelos grupos e comunicá-las para um público mais amplo. Todas elas se relacionam ao tema geral do projeto e à questão do quadro **Direto ao ponto** (página 45).

Os produtos finais são momentos de troca e de compartilhamento, entre os alunos, do que foi aprendido durante o processo. É justamente a participação de cada um nas apresentações de todos os grupos que possibilita compreender o tema do projeto de forma mais ampla.

Neste projeto, as investigações sobre os resíduos domésticos e sua composição em todo o Brasil propiciam melhor entendimento da importância de atitudes positivas para o reaproveitamento de materiais.

Produto final
Evento para apresentação dos gráficos e da análise das embalagens.

ATITUDES LEGAIS
Nesta etapa, verifique se você:
- está ouvindo atentamente seu colega;
- não está impondo sua vontade;
- está sendo paciente com quem tem dificuldade de se expressar.

Convidem os amigos e colegas da escola para assistir à apresentação dos trabalhos. Arrumem os materiais para a exposição em uma sala da escola. É interessante fazer um convite especial com agradecimentos às famílias que ajudaram na quantificação de resíduos e que ofertaram materiais.

BALANÇO FINAL

Avaliação coletiva

Em uma aula com os professores de Matemática e Ciências, toda a turma irá conversar sobre o desenvolvimento do projeto no qual cada grupo trabalhou. Seguem algumas perguntas para nortear a conversa.

- O que foi aprendido com esse projeto, tendo em vista o que vocês pesquisaram?
- Os produtos finais contribuíram para ampliar o conhecimento sobre os resíduos sólidos? Que outras investigações poderiam ser feitas em ocasiões futuras?
- Como a resposta à questão norteadora foi ampliada?

Avaliação individual

Concluir a avaliação feita ao longo do projeto.

Além dos já conhecidos 3 Rs, um forte aliado está entrando em campo em nome da sustentabilidade: o plástico biodegradável. Nessa fotografia de 2018, o chileno Christian Olivares demonstra um tipo de plástico desenvolvido por sua equipe que se dissolve na água — e o material dissolvido não contamina o líquido ou o solo. Ele não é feito de petróleo, mas de substâncias de pedra calcária.

PROJETO 4
Povos indígenas e comunidades tradicionais do Brasil

Muitos povos indígenas já habitavam o Brasil quando os europeus aqui chegaram no século XVI. Nos séculos seguintes, os conquistadores portugueses trouxeram africanos escravizados de diferentes culturas.

Ao longo da história, vieram – e ainda vêm – para nosso país pessoas de origens variadas: italianos, japoneses, alemães, sírios, bolivianos, nigerianos, venezuelanos etc. Alguns desses grupos se organizaram em comunidades.

Além dos imigrantes que passaram a compor nossa sociedade, o Brasil ainda abriga grande diversidade de povos indígenas e comunidades tradicionais. Eles têm culturas ricas e características próprias – religiões, festas, danças, costumes, alimentação etc. –, que fazem parte da cultura nacional. Por isso, lutam para ter garantidos seus direitos básicos e existência digna e autônoma.

DE OLHO NO TEMA

Grupo de samba de roda do Quilombo Patioba, originário do município de Japaratuba (SE), durante apresentação no município de Laranjeiras (SE). Acompanhadas de batuques e vestindo roupas feitas por elas mesmas, as dançarinas mantêm viva a tradição local do samba de roda.

- Na imagem, um grupo mostra um pouco da cultura de uma comunidade remanescente de quilombo. Você sabe como surgiram os quilombos?
- Que semelhanças e diferenças podem ser identificadas entre as comunidades indígenas e as quilombolas?
- Indígenas, quilombolas e outras comunidades tradicionais do Brasil têm características culturais próprias. Você sabe citar algumas delas?

DIRETO AO PONTO

Quem são e como vivem os povos indígenas e as comunidades tradicionais do Brasil?

JUSTIFICATIVAS

- A sociedade brasileira caracteriza-se pela presença de povos indígenas e comunidades tradicionais cujas diversidade, história e manifestações artísticas devemos respeitar e valorizar. Investigar os grupos que constituem nosso território é um modo de identificar os elementos formadores de nossa sociedade.

OBJETIVOS

- Investigar o modo de vida e as manifestações artísticas de alguns povos indígenas e comunidades tradicionais.
- Refletir sobre a importância de defender o direito à existência de comunidades tradicionais e povos indígenas nas diferentes regiões do território brasileiro.

QUAL É O PLANO?

Etapa 1 – Explorando o assunto

- Conhecer povos indígenas e comunidades tradicionais
- Povos e comunidades em luta por direitos
- Cultura viva: memória e transformação
- Danças e folguedos brasileiros

Etapa 2 – Fazendo acontecer

- **Proposta investigativa 1** – Povos indígenas nas regiões brasileiras
- **Proposta investigativa 2** – Comunidades remanescentes de quilombos

Etapa 3 – Respeitável público

- Organização e seleção dos conhecimentos adquiridos
- Preparação e apresentação dos produtos finais

Balanço final

- Avaliação individual e coletiva

Mãe faz pintura corporal em menina kayapó na aldeia Moikarakô. São Félix do Xingu (PA).

Avaliação continuada: Vamos conversar sobre isso?

ETAPA 1 — EXPLORANDO O ASSUNTO

Conhecer povos indígenas e comunidades tradicionais

Povos indígenas são os diferentes povos que já habitavam as terras do continente americano antes da chegada dos colonizadores europeus. Cada povo tem tradições culturais e linguagem próprias.

Povos e comunidades tradicionais são definidos, de acordo com a lei, como "grupos culturalmente diferenciados e que se reconhecem como tais, que possuem formas próprias de organização social, que ocupam e usam territórios e recursos naturais como condição para sua reprodução cultural, social, religiosa, ancestral e econômica, utilizando conhecimentos, inovações e práticas gerados e transmitidos pela tradição" (Decreto nº 6.040, de 7 de fevereiro de 2007).

Comunidades quilombolas ou comunidades remanescentes de quilombos foram formadas por escravos fugidos ou libertos que se reuniam em lugares distantes de vilas urbanizadas para viverem em comunidades praticando atividades de subsistência como agricultura, caça, pesca e coleta. Atualmente, são agrupamentos predominantemente constituídos por população negra rural ou urbana.

Ribeirinhos são populações tradicionais residentes nas proximidades de rios que sobrevivem de pesca artesanal, caça, roçado e extrativismo.

Comunidades caiçaras foram formadas do encontro entre europeus, negros e indígenas que habitavam o litoral. Suas principais atividades de subsistência são pesca artesanal, agricultura, caça e coleta.

1. Acompanhe as duas canções a seguir e discuta com os colegas as questões propostas.

  a) Você conhece nomes de povos indígenas?

  b) Qual é a origem das comunidades quilombolas?

Chegança

[...]
Sou pataxó,
sou xavante e cariri
Ianomâmi, sou tupi
Guarani, sou carajá
sou pancaruru
Carijó, tupinajé
Potiguar, sou caeté
Fulniô, tupinambá

[...]
Mas de repente
me acordei com a surpresa:
uma esquadra portuguesa
veio na praia atracar
Da grande nau,
um branco de barba escura,
vestindo uma armadura
me apontou pra me pegar

Chegança. Antonio Nóbrega. *Pernambuco falando para o mundo.* São Paulo, Tratore, 1998.

Canto II

Muriquinho piquinino, muriquinho piquinino,
Parente de quiçamba na cacunda,
Purugunta aonde vai, purugunta aonde vai
Ô, parente, pro quilombo do Dumbá (2x)

Ê, chora, chora, ngongo, ê, devera chora, ngongo, chora,
Ê, chora, chora, ngongo, ê, cambada, chora, ngongo, chora.

Domínio público. Uma das músicas cantadas pelos descendentes de africanos que trabalhavam na mineração no município de Diamantina (MG).

Imagens de um país diverso

Cerca de $\frac{1}{4}$ do território nacional é ocupado por povos indígenas e comunidades tradicionais. Vamos conhecer alguns deles.

↑ Povo indígena pankararu, que mora na cidade de São Paulo (SP), celebra o ritual do Toré. Os participantes dançam usando máscaras e roupas de palha.

↑ Comunidade caiçara do município de Ubatuba (SP) em procissão de barcos na celebração da Festa de São Pedro Pescador.

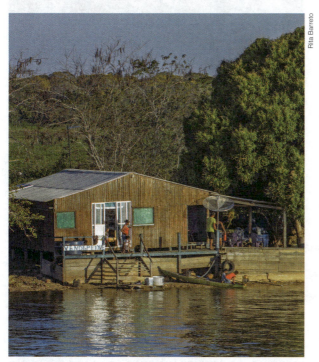

↑ Comunidade ribeirinha de Corumbá (MS), à beira do Rio Paraguai.

↑ Quebradoras de coco babaçu no município de Sítio Novo do Tocantins (TO). Da amêndoa do babaçu são feitos produtos cosméticos e de limpeza.

65

↑ Cortejo de grupos de ciganos no Revelando São Paulo, festival de cultura paulista tradicional. São Paulo (SP).

↑ Celebração do Dia da Abolição da Escravatura (13 de maio) na comunidade quilombola dos Arturos. Contagem (MG).

↑ Dança conjunta do beija-flor e Yamarikumã da etnia kalapalo. Querência (MT).

↑ Giro de festa de São Sebastião no Quilombo da Barra. O ritual consiste em visitas às casas dos moradores para entoar cânticos de louvor e recolher doações de prendas e dinheiro para festa. Rio de Contas (BA).

VAMOS APROFUNDAR

1. Os povos indígenas e as comunidades tradicionais das fotografias são de quais regiões do Brasil?

2. A cultura das comunidades tradicionais manifesta-se de forma marcante por meio de festas e danças. Identifique nas fotografias algumas dessas manifestações e descreva os objetos usados, os tipos de vestimenta e quem participa.

3. Muitas comunidades tradicionais e povos indígenas habitavam, originalmente, ecossistemas nativos ou áreas rurais. No entanto, com o passar do tempo, os centros urbanos se expandiram até suas terras ou as comunidades migraram para centros urbanos. É possível identificar nas imagens as comunidades que vivem em ambiente urbano? Quais?

Povos e comunidades em luta por direitos

As leis existem para estabelecer deveres, reconhecer e garantir direitos.

Povos indígenas e comunidades tradicionais lutam para fazer valer esses direitos, incluindo o direito de manifestar livremente suas culturas, além do reconhecimento de seu direito à terra, pois consideram que é nos territórios que habitam que podem continuar a desenvolver modos de vida próprios de sua cultura.

As manifestações são uma das estratégias de luta para conquistar novos direitos ou não perder aqueles já alcançados.

↑ Manifestação de povos indígenas na Esplanada dos Ministérios. Brasília (DF).

↑ Indígenas protestam na hidrelétrica de Belo Monte contra a construção da represa em Vitória do Xingu (PA).

O que os povos indígenas e as comunidades tradicionais podem fazer para lutar por direitos? Leia uma notícia a respeito desse tema.

Campanha pela garantia da permanência dos povos e comunidades tradicionais em seus territórios

Com o objetivo de sensibilizar um maior número de pessoas sobre os conflitos vividos pelas comunidades tradicionais e fortalecer a luta desses povos, o Fórum das Comunidades Tradicionais de Angra [do Reis], Paraty e Ubatuba [área de Mata Atlântica e litorânea na divisa entre SP e RJ], deu início, no dia 16/05/2014, à campanha "Preservar é Resistir – Em Defesa dos Territórios Tradicionais".

As populações tradicionais desenvolvem modos de vida próprios e distintos dos demais.

Seu cotidiano é rico em saberes e fazeres, passados de geração a geração, que envolvem pesca artesanal, festas, dança, música, oralidade, artesanato, agricultura de subsistência, técnicas agroflorestais, turismo de base comunitária etc., expressando a relação direta que essas comunidades desenvolvem com o seu TERRITÓRIO. Trata-se terra-meio, [afeita] à satisfação de suas necessidades materiais, sociais e culturais.

Contudo, mesmo possuindo práticas e conhecimentos passados de geração a geração e um importante papel na conservação dos recursos naturais, sendo reconhecidas como verdadeiro patrimônio cultural, essas populações vivem graves conflitos territoriais, que ameaçam constantemente o seu **modo de vida** – **especulação imobiliária**, **grandes empreendimentos**, **privatização de territórios tradicionais**, turismo desordenado, autoritarismos e repressão dos órgãos ambientais por manterem práticas tradicionais, precariedade de serviços essenciais tais como educação, saúde, lazer, saneamento e luz.

Embora tenham direitos constitucionalmente garantidos, a pressão dos órgãos ambientais, somada à (in)consequente especulação imobiliária expõem em risco a reprodução social das comunidades tradicionais, colocam em xeque não só a cultura, que garante a diversidade da sociedade brasileira e o **patrimônio cultural (material e imaterial)** do país, mas a sua própria sobrevivência.

[...] desde 2007 o Fórum de Comunidades Tradicionais da região, formado por quilombolas, indígenas, caiçaras, caipiras e agricultores familiares, vem se consolidando e fortalecendo a luta pelos direitos dessas populações.

Campanha pela garantia da permanência dos povos e comunidades tradicionais em seus territórios.
Preservar é resistir: em defesa dos territórios tradicionais.
Disponível em: www.preservareresistir.org/campanha.
Acesso em: 10 mar. 2019.

↑ Caiçara puxa rede de pesca em canoa tradicional de tronco de árvore. Paraty (RJ).

GLOSSÁRIO

Especulação imobiliária: prática em que grupos do setor de imóveis compram casas e terrenos para vender por preços altos, geralmente inviáveis para moradores tradicionais da região.
Grandes empreendimentos: empreendimentos comerciais, industriais ou imobiliários com grande impacto ao ambiente.
Modo de vida: diferentes práticas do dia a dia das pessoas; inclui trabalho, vida familiar, alimentação, lazer, consumo etc.
Patrimônio cultural (material e imaterial): algo que pertence especificamente a um grupo e deve ser preservado. O patrimônio material refere-se a coisas palpáveis, como construções, vestimentas, artesanato etc. O patrimônio imaterial refere-se a saberes do grupo, como a religiosidade, as canções, as tradições orais etc.
Privatização de territórios tradicionais: nesse contexto, é o ato de delegar a administração das terras das comunidades tradicionais a grupos privados. Normalmente envolvendo interesses econômicos.

1. Dê exemplos de "saberes e fazeres" do cotidiano dessas comunidades que são citados no texto.

2. De acordo com o texto, quais são as ameaças ao modo de vida das comunidades da região?

3. Identifique a estratégia adotada por esses grupos para lutar por seus direitos.

Está na lei

Território, cultura, saúde e educação diferenciadas, respeito pelas tradições e pelos modos de vida das comunidades tradicionais e dos povos indígenas são direitos previstos em diversos textos de legislações nacionais e convenções internacionais. Confira algumas dessas regulamentações:

	Proteção da diversidade cultural e das comunidades tradicionais nas leis brasileiras	
1988	Constituição da República Federativa do Brasil – artigos 215, 216, 231 e 68 (ADCT)	• Resgata os direitos universais dos brasileiros. • Reconhece os direitos culturais e territoriais das comunidades indígenas e quilombolas. • Protege as manifestações das culturas populares.
1989	Convenção nº 169 da OIT – Organização Internacional do Trabalho	• Por meio do Decreto nº 5.051/04, o Brasil reconhece os temas e recomendações da Convenção. • Reconhece o direito de posse e propriedade das terras das comunidades tradicionais e dos povos indígenas. • Recomenda a defesa legal desses territórios.
1992	ECO 92 – Conferência das Nações Unidas sobre o Meio Ambiente e o Desenvolvimento	• Assegura a conservação da biodiversidade e seu uso sustentável. • Reconhece a relação estreita entre a preservação de recursos biológicos e a existência de comunidades locais e populações indígenas com estilos de vida tradicionais.
2003 e 2008	Leis nº 10.639/03 e 11.645/08 – Alterações na Lei de Diretrizes e Bases (LDB) de 1996	• Garantem o estudo da "História da África e dos africanos, a luta dos negros e povos indígenas no Brasil, a cultura negra e indígena e o negro e o índio na formação da sociedade nacional, resgatando as suas contribuições nas áreas social, econômica e política, pertinentes à história do Brasil".
2007	Decreto nº 6.040/2007 – Política Nacional de Desenvolvimento Sustentável de Povos e Comunidades Tradicionais (PNPCT)	• Promove o desenvolvimento sustentável das comunidades tradicionais. • Reforça a garantia dos direitos territoriais, sociais, ambientais, econômicos e culturais das populações indígenas. • Valoriza a identidade, formas de organização e as instituições desses povos e comunidades.

1. De que maneira a legislação brasileira protege os indígenas e as comunidades tradicionais?
2. Explique como os povos indígenas, as comunidades tradicionais e a proteção ao meio ambiente estão relacionados.
3. Em sua opinião, qual é a importância das leis que defendem os direitos das comunidades tradicionais e dos povos indígenas?

1. Imagine que você fará uma apresentação oral sobre o tema "Direitos dos povos indígenas e das comunidades tradicionais" em uma conferência sobre direitos humanos. Redija um texto em que exponha sua opinião sobre a necessidade de reconhecer e de respeitar a esses direitos.

Cultura viva: memória e transformação

A língua que usamos, as roupas, a alimentação, os objetos, os tipos de casa, os costumes, as religiões, entre outros, são manifestações da cultura em que estamos inseridos.

Nas comunidades tradicionais e de povos indígenas, durante muitos anos, traços culturais distintos foram se estabelecendo, e atualmente há bastante empenho em manter essas tradições. Por isso, a cultura dos antepassados é lembrada e vivida nas práticas do dia a dia, afinal cultura é memória. As manifestações culturais são dinâmicas, recebem novos elementos, reinventam-se e podem se transformar.

O encontro entre indígenas, africanos e europeus resultou em uma grande diversidade de culturas. Diante dessa enorme variedade, destacam-se as danças e os folguedos regionais do Brasil. Na atualidade, eles são encontrados também nos meios urbanos, onde se modificaram, mas guardam a memória das tradições dos antepassados.

Os folguedos são um tipo de festa popular muito especial porque reúnem narrativa, danças e personagens. As pessoas esperam o ano inteiro para brincar no folguedo, em determinada data ou época do ano. Elas ensaiam a coreografia, tocam instrumentos e preparam roupas e adereços para contar uma história. Na congada, chegam os reis do Congo. Nas cheganças e marujadas, os povos vêm do mar. Nas festas do boi, o animal morre e renasce.

↑ Festa do Boi durante o Encontro de Cultura Popular em Buenos Aires (PE).

1. Quais são as festas ou folguedos populares que você conhece ou ouviu falar e das quais já participou? Será que eles têm origem ou relação com as festas dos povos e comunidades tradicionais?

APOIO

Centro Nacional de Folclore e Cultura Popular (CNFCP): www.cnfcp.gov.br/tesauro/alfabetica.html. O *site* dispõe de um dicionário com expressões da cultura popular.

Danças brasileiras

Veja a seguir imagens de danças de diferentes regiões brasileiras.

Fandango caiçara

Nas regiões Sul e Sudeste, o fandango é uma prática tradicional no litoral e chama a atenção pelos instrumentos fabricados artesanalmente: viola, rabeca, tambor de armação e o adufo (ou adufe, tipo de pandeiro ancestral).

← Grupo executa o fandango em Antonina (PR).

Jongo

Dança predominante da Região Sudeste, o jongo, também chamado de caxambu, é produzido com diferentes tipos de percussão: o tambu, o candongueiro e a gazunga, a puíta (cuíca) e a angoia. Os cantadores lançam frases, repetidas pelo coro, que também bate palmas na marcação do ritmo, e desafiam os demais da roda com passos de dança e canto.

← Grupo dança jongo em Piquete (SP).

Coco

O coco é encontrado em toda a Região Nordeste, com muitas variações locais de acordo com os passos da dança que acompanha a música. Recebe outros nomes a depender da localidade, por exemplo: coco de praia, coco de roda, coco de fila, coco de embolada. O coco é uma espécie de batuque de roda e de improvisação de frases entoadas por cantadores. Por essas características, ele é semelhante ao jongo.

↑ Grupo Samba de Coco da Mussuca, em Laranjeiras (SE).

Carimbó

O carimbó é uma dança típica do estado do Pará, na Região Norte, que mistura elementos de culturas africanas e indígenas. Os casais dançam em roda com vestimentas típicas, coloridas e floridas. O tambor que deu nome ao ritmo e à dança é feito com um tronco de madeira inteiriço escavado por dentro.

↑ Dança e canto tradicional carimbó na comunidade de Caranazal, em Santarém (PA).

Siriri

Dança que mescla brincadeiras indígenas e europeias, lembra o fandango. É acompanhada por viola de cocho, ganzá e tamboril.

↑ Grupo de dança se apresenta durante Festival de Cururu e Siriri, em Cuiabá (MT).

1. Como uma criança ou um jovem aprende uma dança ou participa de um folguedo tradicional?

2. Onde podem ser encontrados grupos de folguedo e dança do país: no meio rural ou no meio urbano?

3. As manifestações culturais permanecem as mesmas ao longo do tempo?

Vamos dançar ciranda

A ciranda é uma dança de origem portuguesa que, quando chegou ao Brasil, encontrou semelhanças com danças indígenas. Com a vinda dos africanos, foram introduzidos nessa dança elementos de danças circulares daquele continente.

As cirandas fazem sucesso até hoje. Para dançá-las, todos – idosos, jovens e crianças – formam um círculo, dão as mãos e fazem movimentos simples enquanto a roda gira. Danças circulares são manifestações humanas muito antigas e de diferentes culturas do mundo.

Procedimento

1. Para começar, recorra à sua memória. Provavelmente você deve ter participado de alguma brincadeira de roda quando criança. Se você tiver irmãos, primos ou mesmo contato com alguma criança que possa ter brincado ou brinque de roda atualmente, peça que demonstre os tipos de ciranda que conhece. Apesar de ser predominante entre as crianças, é bastante praticada também entre os adultos.

2. Depois, explore a ciranda típica do Nordeste, executada principalmente nos estados de Pernambuco e da Paraíba. Pesquise o trabalho de Lia de Itamaracá nos *sites* indicados.

Revolucionários franceses dançam ao redor da Árvore da Liberdade. Gravura, c. 1792.

APOIO

Para conhecer um pouco mais esses ritmos e danças faça buscas na internet, acesse textos informativos e vídeos com apresentações. Veja as sugestões a seguir.

Fandango: www.educacaofisica.seed.pr.gov.br/modules/conteudo/conteudo.php?conteudo=453. Página da Secretaria da Educação do Paraná que apresenta características detalhadas do fandango.

Jongo: http://jongodaserrinha.org/historia-do-jongo-no-brasil/. Informações, áudios e vídeos a respeito do jongo.

Lia de Itamaracá, de Lúcia Gaspar (*Fundação Joaquim Nabuco*): Página da fundação pernambucana que apresenta um pouco da trajetória dessa artista. Disponível em: http://basilio.fundaj.gov.br/pesquisaescolar/index.php?option=com_content&view=article&id=317. Acesso em: 25 maio 2019.

Lia de Itamaracá é natural da Ilha de Itamaracá (PE). Canta e compõe desde criança e, no ano 2000, gravou um álbum que a fez famosa. Atualmente, é convidada para apresentações em diversas partes do Brasil e do mundo.

ETAPA 2 — FAZENDO ACONTECER

Reflita a respeito da questão norteadora da seção **Direto ao ponto** e verifique o que já aprendeu até aqui. Vamos registrar uma resposta coletiva.

> Quem são e como vivem os povos indígenas e as comunidades tradicionais do Brasil?

Para aprofundar o estudo, produziremos um livro ou um *blog* coletivo da turma intitulado: *Povos indígenas e comunidades quilombolas nas regiões brasileiras*.

Orientações gerais

Em grupo

Neste momento, você e os colegas devem se organizar em cinco grupos. Cada grupo escolherá uma das cinco regiões brasileiras e uma das propostas investigativas apresentadas nas próximas páginas.

É importante, antes de começar os trabalhos:

- ler as propostas investigativas e escolher entre as opções 1 ou 2;
- organizar o calendário de atividades com ajuda dos professores.

Procedimento da pesquisa

Individualmente

1. Busque informações – na internet, em livros ou outros meios impressos – sobre comunidades quilombolas ou povos indígenas da região escolhida pelo grupo. Traga os materiais pesquisados no dia combinado.
2. Além de textos, pesquise fotografias, desenhos, mapas e notícias. Não se esqueça de sempre mencionar as fontes.

Sugestão de roteiro de pesquisa
Nome da comunidade quilombola ou do povo indígena.
Localização: região, estado e município.
Elementos históricos da comunidade: quando se formou e por qual motivo (quilombo) ou quando foi contactada (indígenas).
Características físicas da região e do local, como vegetação, fauna, clima, relevo, hidrografia.
Modo de vida, que inclui descrição de práticas como agricultura, pesca, caça, extrativismo e outras formas de subsistência ou fontes de renda.
Relação entre o ambiente e as atividades socioeconômicas, como agricultura de subsistência, pesca artesanal, caça e extrativismo.
Descrição de elementos da cultura: música, festas, artesanato, culinária, mitos, rituais – com destaque para danças e folguedos.
Desafios enfrentados e as lutas por direitos.

Em grupo

3. Compare as informações de diferentes comunidades quilombolas ou povos indígenas que você coletou individualmente com as dos colegas do grupo.
4. Definam qual será o povo ou a comunidade a ser estudada pelo grupo. Podem utilizar mais de um povo ou comunidade.
5. Decidam como aproveitar os textos que trouxeram selecionando as informações que todos, ou a maioria, julgarem mais adequadas.
6. Se necessário, aprofundem a pesquisa para encontrar mais algumas informações que julgarem pertinentes. Usem o roteiro anterior para avaliar.
7. Ao concluir cada proposta, a turma deve decidir o que irá apresentar à comunidade escolar: livro ou *blog*.
8. Cada grupo fará um capítulo (livro) ou postagens (*blog*) com os resultados das pesquisas.
   O livro ficará disponível na biblioteca da escola, já o conteúdo do *blog* deve ser disponibilizado em plataforma da internet. Divulguem essa produção para as demais turmas e a comunidade do entorno.

PROPOSTA INVESTIGATIVA 1

POVOS INDÍGENAS NAS REGIÕES BRASILEIRAS

Primeira fase

Em grupo

Meta

Conhecer diferentes povos indígenas que vivem nas regiões brasileiras.

Observem os mapas e respondam às questões.

Fonte: Fundação Nacional do Índio (Funai). *Terras indígenas: situação fundiária*. Disponível em: http://mapas2.funai.gov.br/portal_mapas/pdf/terra_indigena.pdf. Acesso em: 22 fev. 2019.

Fonte: Fundação Nacional do Índio (Funai). *Distribuição Espacial da População Indígena*. Disponível em: http://www.funai.gov.br/arquivos/conteudo/ascom/2013/img/12-Dez/encarte_censo_indigena_02%20B.pdf. Acesso em: 22 fev. 2019.

1. De acordo com o **mapa 1**, em qual região se encontram as maiores áreas de terras indígenas?
2. Após comparar o **mapa 1** com o **mapa 2**, respondam: As populações indígenas concentram-se na região onde estão as maiores extensões de terras indígenas? Explique.

75

Segunda fase

Individualmente

1. Procure informações a respeito de algum povo indígena. Neste momento, é interessante que cada membro do grupo pesquise um povo diferente para ampliar o conhecimento sobre a diversidade cultural brasileira.

    Utilize o roteiro apresentado anteriormente. Lembre-se de que a população estudada deve viver na região brasileira escolhida pelo grupo.

2. Anote as informações para compartilhar com seu grupo.

Em grupo

1. Comparem as informações coletadas individualmente e escolham um dos povos indígenas entre os que foram pesquisados.
2. Verifiquem se é necessário aprofundar a pesquisa de acordo com o roteiro recomendado.
3. Selecionem o que é importante comunicar para outras pessoas a respeito do conteúdo pesquisado.
4. Organizem o conteúdo coletado e comecem a discutir possibilidades para apresentá-lo de forma interessante no livro ou *blog*.

↑ Indígenas do povo waurá preparam a grande rede para pescaria na Lagoa Piyulaga após ritual noturno. Os peixes alimentarão toda a aldeia e os convidados para o ritual Kwarup. Parque Indígena do Xingu, Gaúcha do Norte (MT).

↑ Jovens kaingang do grupo de dança da Escola Estadual Indígena de Ensino Fundamental Toldo Campinas na aldeia Estiva. Tenente Portela (RS).

APOIO

Centro de Trabalho Indigenista (CTI): https://bd.trabalhoindigenista.org.br/. Biblioteca digital dessa ONG, com acervo de fotografias, mapas, cartilhas e textos sobre povos indígenas.

Fascículos de povos indígenas do Norte e Nordeste: http://novacartografiasocial.com.br/fasciculos/povos-indigenas-nordeste/. Nesse endereço é possível ter acesso às publicações com dados a respeito de diversos povos indígenas.

Fundação Nacional do Índio (Funai): www.funai.gov.br/. O *site* da Funai traz informações relevantes sobre os indígenas brasileiros.

Instituto Brasileiro de Geografia e Estatística (IBGE): https://indigenas.ibge.gov.br/. Disponibiliza informações sobre a distribuição da população autodeclarada indígena no território brasileiro.

Mirim – Povos Indígenas no Brasil: https://mirim.org/. Na página estão disponíveis textos e vídeos a respeito de povos indígenas. Apesar de ser destinado a crianças, o rico conteúdo pode interessar a pessoas de todas as idades.

Povos indígenas no Brasil: https://pib.socioambiental.org/pt. Página bastante completa, em que se pode ter acesso à descrição de características de vários povos indígenas do país. A lista com o nome e a localização dos povos indígenas do Brasil está disponível na seção "Quadro geral dos povos" do mesmo *site*.

PROPOSTA INVESTIGATIVA 2

COMUNIDADES REMANESCENTES DE QUILOMBO

Meta

Conhecer diferentes comunidades remanescentes de quilombos que vivem nas regiões brasileiras.

Primeira fase

Em grupo

A Fundação Cultural Palmares, do Ministério da Cidadania, identificou a existência de mais de 3500 comunidades quilombolas distribuídas por todo Brasil. Mas estima-se que o número total de comunidades remanescentes pode chegar a 5000.

Moradia na comunidade quilombola Kalunga do Vão de Almas, sítio histórico que abriga o Patrimônio Cultural Kalunga na Chapada dos Veadeiros, em Cavalcante (GO).

Um levantamento da Fundação Palmares contabilizou, até fevereiro de 2019, as comunidades quilombolas conforme mostra o mapa a seguir. Observe-o e, depois, responda às questões.

1. Em quais estados brasileiros há maior concentração de comunidades quilombolas? O que explica a concentração nesses estados?

2. Exceto o Pará, que é o quarto colocado em relação à quantidade de comunidades quilombolas, nos outros estados da Região Norte não há números muito elevados dessas comunidades. Como explicar esse fato?

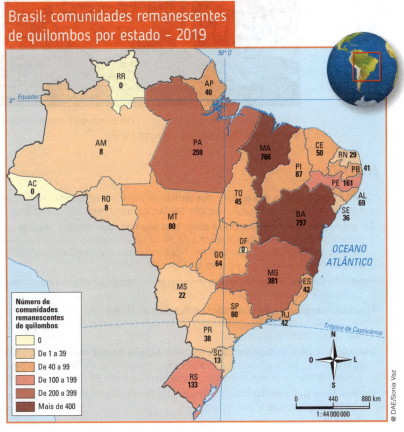

Fonte: Fundação Cultural Palmares. *Certificação Quilombola*. Disponível em: www.palmares.gov.br/?page_id=37551. Acesso em: 20 fev. 2019.

Segunda fase

Individualmente

1. Procure informações a respeito de uma comunidade quilombola. Neste momento, é interessante que cada membro do grupo pesquise uma comunidade diferente para ampliar o conhecimento a respeito da diversidade cultural brasileira. Siga o roteiro apresentado na página 74. Lembre-se de que a população estudada deve viver na região brasileira escolhida pelo grupo.
2. Anote as informações para compartilhar com o grupo.

Em grupo

1. Comparem as informações coletadas individualmente e escolham uma das comunidades entre as que foram pesquisadas.
2. Verifiquem se é necessário aprofundar a pesquisa de acordo com o roteiro recomendado.
3. Selecionem o que é importante, do conteúdo pesquisado, comunicar para outras pessoas.
4. Organizem o conteúdo e discutam maneiras de apresentá-lo de forma interessante no livro ou *blog*.

↑ Marabaixo, uma dança de roda de origem africana tradicional da comunidade quilombola do Curiau, em Macapá (AP).

APOIO

Cartilha para a defesa dos povos e dos territórios: https://racismoambiental.net.br/quem-somos/cartilha-para-a-defesa-dos-povos-e-dos-territorios/. A publicação traz informações e condutas em defesa do direito à terra e das tradições de distintos povos.

Em pleno século XXI, quilombolas ainda têm que lutar por direitos básicos, de Juliana Gonçalves e Thiago Dezan *(The Intercept_Brasil)*. A reportagem aprofunda-se na questão quilombola e traz dados a respeito da luta desse grupo para ter os direitos reconhecidos. Disponível em: https://theintercept.com/2017/05/12/em-pleno-seculo-xxi-quilombolas-ainda-tem-que-lutar-por-direitos-basicos/. Acesso em: 25 maio 2019.

Fundação Cultural Palmares: www.palmares.gov.br/?page_id=37551. Disponibiliza a relação de comunidades quilombolas certificadas por estado brasileiro.

Fascículos de povos e comunidades tradicionais do Brasil: http://novacartografiasocial.com.br/fasciculos/povos-e-comunidades-tradicionais-do-brasil/. Nesse endereço é possível ter acesso às publicações com dados a respeito de comunidades tradicionais em território nacional.

Instituto Nacional de Colonização e Reforma Agrária (Incra): www.incra.gov.br/sites/default/files/incra-andamentoprocessos-quilombolas_quadrogeral.pdf. O *site* disponibiliza um documento com os processos de comunidades quilombolas organizados por região, estado e município. Procure as comunidades da região escolhida por seu grupo.

Observatório Quilombola: www.koinonia.org.br. *Site* dedicado à coleta, organização e análise de informações relativas às comunidades negras rurais e quilombolas.

ETAPA 3 RESPEITÁVEL PÚBLICO

É chegada a hora de finalizar as propostas investigativas feitas pelos grupos e comunicá-las para um público mais amplo. Todas elas se relacionam ao tema geral do projeto e à questão do quadro **Direto ao ponto** (página 63).

Os produtos finais são momentos de troca e de compartilhamento, entre os alunos, do que foi aprendido durante o processo. É justamente a participação de cada aluno nas apresentações de todos os grupos que possibilita compreender o tema do projeto de forma mais ampla.

Para o lançamento do livro ou *blog*, a turma organizará um debate sobre o tema. Verifique se é possível convidar um especialista no assunto ou um membro de comunidade quilombola ou indígena, localizado próximo à escola, para participar do debate. Isso enriquecerá ainda mais o evento, que pode acontecer na hora do intervalo, da saída ou na data de alguma outra programação que envolva a comunidade escolar. O local pode ser o pátio, a quadra, a biblioteca, a sala de informática, o auditório da escola ou algum espaço público que ajude a ampliar o alcance do debate. Chamem toda a comunidade escolar para participar!

Produto final

Apresentação do livro ou *blog* com a síntese das pesquisas para a comunidade escolar.

Nesta etapa, verifique se você:
- está ouvindo atentamente seu colega;
- não está impondo sua vontade;
- está sendo paciente com quem tem maiores dificuldades de se expressar.

Avaliação coletiva

Em uma aula com os professores de Geografia e Arte, toda a turma conversará sobre o desenvolvimento do projeto escolhido. Seguem algumas perguntas para norteamento.

- O que foi aprendido com o projeto, tendo em vista o que vocês pesquisaram?
- Os produtos finais contribuíram para ampliar o conhecimento a respeito dos povos indígenas e comunidades tradicionais do Brasil?
- Que outras investigações poderiam ser realizadas em ocasiões futuras?
- Como a resposta à questão principal deste projeto foi ampliada?

Avaliação individual

Conclua a avaliação feita ao longo do projeto.

"No dia em que não houver lugar para o índio no mundo, não haverá lugar para ninguém." Essa frase, atribuída ao líder indígena brasileiro Ailton Krenak, sintetiza os motivos para defender o direito dos indígenas a uma vida digna, mas também reafirma o mesmo direito às comunidades tradicionais. Garantir que tenham um lugar significa valorizar a natureza, a ligação com a terra, o cuidado com a memória dos ancestrais e do próprio país, as relações humanas de colaboração e afeto, a diversidade cultural e étnica. Sem esses elementos, sobra bem pouco à humanidade.

Crianças da etnia guarani mbyá em dança tradicional tangara. Aldeia Kalipety, São Paulo (SP).